船越英一郎

京都の極み

船越英一郎

BS 日テレ編

マガジンハウス

僕と京都、そして「京都の極み」

京都に通い続けて30年。
僕にとって第三の故郷・京都を、
毎週テレビで紹介できる機会がついにやってきました。
ＢＳ日テレで２０１５年10月11日から始まった、
その名も「船越英一郎　京都の極み」。
番組を作るにあたり頭に浮かんだのは、
自分は本当に京都通なのかという疑問でした。
撮影所通いで長い時は1年のうち半分が京都暮らし。
友人も馴染みの店もできて、
いつのまにか京都通といわれ、案内本まで出した……。
しかし実は京都に詳しいだけで、通ではないのではないか……。
そんな自問自答の結果、

出てきた答えは、「京都に詳しい船越が、
京都通になるための番組にしたい」でした。
方向性は決まりました。
何度も行った〈伏見稲荷大社〉もお山に詣でてみる。
何度も食べた菓子や料理も作り手の思いに触れてみよう。
旅だけでは出合うことのない領域に足を踏み入れたい、
もっと深い部分を追求したい。
気持ちをスタッフとぶつけ合いながら作りあげる日々。
「京都の極み」は、見てくださる皆さんも、
僕と一緒に京都通になっていただくための番組なのです。
ご覧になった後に京都へ足を運べば、
今まで発見できなかった京都を
いつのまにか見つけることになるでしょう。
テーマに沿った旅の指南書として、
いつでも振り返ってもらえるようにと、
16回分をまとめたのがこの一冊です。

番組が始まり、また新たに通うこととなった京都。
京都の空気の中に身を置き、人や様々なものに出合う。
それはＤＮＡの中にある、日本らしい文化に触れたい、
景色を見たい、和に触れたいという気持ちを
満たしてくれるひととき。
京都から日本の魅力を教えてもらい、
自分を豊かにしてもらうのは、
何ものにも代え難いものだと実感しています。
森羅万象、多岐にわたって広く奥深い京都。
僕にとってなくてはならい場所で過ごす
大切な時間がここにあるのです。

船越英一郎

目次 CONTENTS

本書の見方

- 文中の住は住所、営は営業時間、拝は参拝時間、休は定休日を表します。
- 各店舗の「DATA」の最後にあるMAPは、P114～121に掲載しています。
- 掲載データは2016年4月現在のものです。営業時間、定休日、メニュー、価格などは、予告なく変更される場合がありますので、電話などでご確認ください。
- 価格の表記に関しては、原則的に消費税別の本体価格になりますが、飲食、喫茶などは店の表記に従って税込み価格の場合があります。

京町家

その一

古都の伝統を受け継ぐ、京の縮図を感じる京町家。

江戸の昔から受け継がれ、住まう人々の知恵と工夫が詰まった京町家。近頃は、意匠や佇まいを大切にしながらも、現代に寄り添う使い方を併せ持つ京町家に注目が集まっています。「伝統的な町家で京の美味を味わうのも人気ですが、今回は京町家という建物そのものを味わって欲しい」と7軒を案内します。

「いにしえの建物がただ保存されているだけでなく、今まさに輝きを放っている、そんな印象を受けました。それは住む方使う方が伝統と美しさを熟知し、理解しながらも時代に合った使い方ができるよう進化を試みるからに違いありません。伝統と革新。この2つを共存させながら、古都としての魅力を少しも損なわずに常に時代をリードしてきた、京都の町そのものと重なるように思えるのです」

上右／坪庭を眺めながら過ごす贅沢。上左／「おすすめはぷるっぷるで口にすっと溶ける寒天を、月替わりの蜜で味わう琥珀流し」。写真は10月の栗660円。下／外観も紅柄格子と季節の暖簾が美しい。

大極殿

甘味処 栖園

☎075-221-3311

明治18(1885)年創業の、京菓子の老舗に併設された甘味処。「六角通でひと際目を引く築150年の京町家は、表の屋根の防火壁“うだつ”や、光と風を取り入れる坪庭など、様式美もみごとです」

DATA

住:京都市中京区六角通高倉東入ル南側　営:10:00～17:00　販売:9:00～19:00　休:水
MAP04

COLUMN

町家暮らし～箔屋 野口～

知恵が溢れる西陣の町家で季節と共に暮らす日々。

明治22(1889)年竣工の町家は、店の間、通り庭、坪庭、おくどさんのある台所、奥の間、中二階と、典型的な様式を持つ。暮らすのは「箔屋　野口」4代目の野口康さん夫妻。「抜ける風を感じ、庭の花の香りで四季の移り変わりを感じる、季節と共に過ごす家が町家ですね」

まんざら 本店

☎075-253-1558

「京都で人気の町家ダイニングの先駆け的存在で、僕の行きつけです」。大正時代の建物をモダンにリノベーションしたウナギの寝床。奥には船越さんのお気に入りで、個室として使われる蔵もある。

DATA

住:京都市中京区河原町通夷川上ル指物町321
営:17:00～24:00　休:無　MAP01

上／重い扉などをそのまま生かした蔵の個室。左／カウンターの奥に目を向ければ坪庭の眺め。

右／名物あぶり鯖寿司2,000円、生麩田楽750円。上／鱧と九条葱の柳川風玉子とじ1,000円。

京宿ロマン館

☎075-342-6016

大正ロマンを感じさせる和室が、日本文化に興味を持つ外国人観光客に人気の町家宿。坪庭や茶室を持つ築80年の町家に、ステンドグラスをあしらいモダンにリノベーションされている。

DATA

住:京都市下京区若宮通六条下ル若宮町542　営:8:00～22:00(受付時間)15:00～20:00(チェックイン)～11:00(チェックアウト)　MAP06

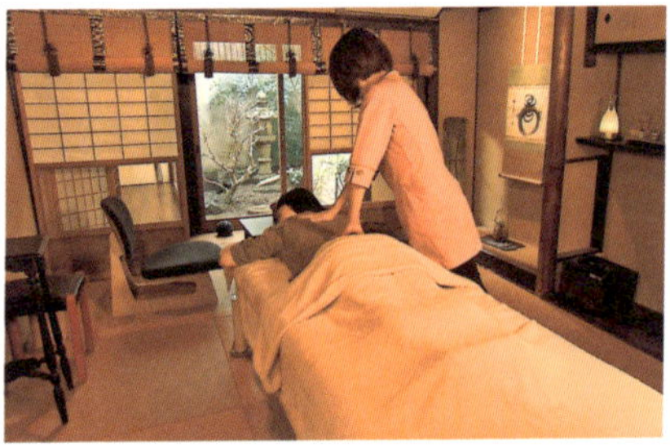

京都ほぐし整体

はんなり 町家本店

☎075-708-8343

築150年の町家を改装したこちらは、椎源治癒術を用いたリラクゼーションサロン。風情をゆっくり味わって欲しいからと、施術を行うのは1日10組だけ。庭の緑が身体だけでなく心も癒やしてくれる。

DATA

住:京都府京都市下京区仏光寺通高倉東入ル東前町400　営:11:00～22:00(最終受付21:00)　休:無　MAP04

COLUMN

町家長屋～あじき路地～

**若手アーティストが暮らす
新たな息吹を感じる路地。**

祇園からも近い一角にあるのは、12軒が連なる町家長屋。2004年に大家の安食弘子さんが、もの作りをする若手アーティストに開放し、細かく手を入れながら、町家とそこにある暮らしを守り続けている。「いかにも京風情を伝える路地には、京町家再生のヒントがありました」

DATA

住:東山区大黒町通松原下ル2丁目山城町284　MAP03

ぎをん
フィンランディアバー

☎075-541-3482

締めくくりに足を運んだのは、地元でも幅広く愛されるオーセンティックバー。お茶屋や料理店が連なる祇園町の真ん中にあって、空間はやはり元お茶屋の町家を改装したものとなっている。

DATA

住:京都市東山区祇園町南側570-123　営:18:00～翌3:00　休:無　MAP05

左／色鮮やかな抹茶スプモーニ1,100円をオーダー。フィンランドをはじめ北欧諸国のウオツカやスピリッツなども充実している。右／昭和57（1982）年の創業。明るくカジュアルな雰囲気。

「京都の極み」をさらに極める

プラスオン!

創業当時の面影を残す
風情のある佇まいと確かな味

三嶋亭 ☎075-221-0003

明治6(1873)年の創業以来、選び抜いた黒毛和牛のすき焼きを楽しませてくれる専門店。「創業当時のままという数寄屋造りの建物には、欄間や坪庭、網代天井など見応えある意匠も沢山あります」

DATA

住:京都市中京区寺町通三条下ル桜之町405　営:11:30〜最終入店22:00　休:水(不定)　MAP03

右/個室の桜の木は創業当時と変わらない姿で迎えてくれる。鹿と紅葉の欄間や網代天井は昭和の漆芸家・番浦省吾さんの手によるもの。左/夜は坪庭の灯籠に明かりが灯り、風情もひときわ。

上/寺町三条に肉料理店と牛肉販売所が並ぶ。かつてはガス灯だった行灯がシンボルとなっている。右/初代が長崎で修業した味を伝えるすき焼き13,662円(税サ込)。まずは鍋に砂糖を敷いてから肉を焼き、割り下で仕上げた肉だけを味わうスタイル。その後はねぎや豆腐などと一緒に煮込む。仲居さんの手さばきも鮮やかで見とれるほど。

京菓子 その二

心をふと和ませる京菓子のルーツを探って甘味めぐり。

和菓子も大好きという船越さん。「京都の和菓子は普段づかいの気取らないものも、上品な茶の湯のための上菓子も、どちらも心を癒やしてくれる存在です」

ルーツをたどれば、寺社のおさがりに行き着くという京の菓子。茶の湯とともに発展し、江戸時代には華やかな姿へと進化を遂げました。京都で作られた菓子は、特別な思いを込めて京菓子と呼ばれ、人々の目も舌も魅了しつづけています。それは歴史の中で培われた、職人技があってのこと。その技を目の当たりにして、船越さんも思わず感嘆の声をあげました。「庶民の暮らしの中で生まれ、時代を経てゆく中で華やかになった京菓子。そこにあるのはお客様を楽しませたいという思い。美しさはもとより、もてなしの心を届け続けてきたものなのです」

御菓子司 亀屋則克

☎075-221-3969

蛤の貝殻を使った菓子・浜土産で知られる和菓子店は、京都でも数少なくなった座売りを守る。簞笥の引き出しには干菓子とこちらも伝統の様式。

DATA

住:京都市中京区堺町通三条上ル大阪材木町702　営:9:00～17:00　休:日・祝・第3水　MAP04

右／その時々で数種類が揃う季節の生菓子から秋のわらび餅360円。左／引き出しの中に整然と並ぶ干菓子は1箱1,500円、小箱900円など。

元祖正本家 一文字屋和輔

☎075-492-6852

今宮神社の門前に千年続く茶店。かつては神社に奉納された餅のおさがりを配ったもの。「京の菓子の始まりは神様のおさがりでした」

DATA

住:京都市北区紫野今宮町69　営:10:00～17:00　休:水（1日、15日、祝の場合は翌日休業）　MAP17

小さくちぎって串に刺した餅を炭で炙り、白味噌のタレをたっぷりと絡めた阿ぶり餅13本入500円。「外側はカリッと香ばしく、中はとろりと柔らかい。白味噌のタレも甘すぎず絶妙です」

粟餅所《あわもちどころ》・澤屋《さわや》

☎075-461-4517

北野天満宮の門前菓子は300年続く老舗が作る、こし餡ときなこの粟餅3個450円。

DATA

住:京都市上京区北野天満宮前西入紙屋川町838-7　営:9:00～17:00(売り切れ次第閉店)　休:木・26日　MAP18

加茂みたらし茶屋

☎075-791-1652

下鴨神社の神饌菓としてお供えしていた、門前茶屋のみたらし団子3本420円。

DATA

住:京都市左京区下鴨松ノ木町53　営:9:30～19:00　休:第2・4火、水　MAP01

右上·上／どら焼1本1,400円。作るのに手間暇が掛かるため販売は毎月20日21日22日の3日間だけ。右下／かつては行器と呼ばれる漆塗りに螺鈿細工の重箱に菓子を入れ、御所や寺社に納めていた。菓子が大切にされていた歴史を物語る。

京菓匠 笹屋伊織

☎075-371-3333

享保元(1716)年創業の京菓子の老舗。代表銘菓はお寺の銅鑼の上で焼いたことから、その名が生まれた一子相伝のどら焼。「竹の皮に包まれて中はこし餡。もちもちの食感が独特です」

DATA

住:京都市下京区七条通大宮西入花畑町86　営:9:00〜17:00　休:火(20〜22日は営業)　MAP06

COLUMN

茶の湯 〜有斐斎弘道館〜

切っても切れない 京菓子と茶の湯の関係。

有斐斎弘道館にて北野大茶会の菓子を体験。利休が愛したふのやきは、小麦粉の皮に味噌をぬったもの。秀吉のお気に入りは炒った黒豆に大豆粉と青海苔を掛けた真盛豆。「安土桃山の頃までは京菓子もシンプルだったんですね」

DATA

住:京都市上京区上長者町通新町東入元土御門町524-1　営:10:00〜17:00　休:水　MAP01

京菓匠 鶴屋吉信

☎075-441-0105

創業は享和3（1803）年。寺社をはじめ、茶道家元の御用もつとめてきた老舗では、江戸になって華やかに花開いた京菓子に出合うことができる。代表菓子の柚餅、京観世などと共に、洋のニュアンスを取り入れた新しい和菓子にも出合える。

DATA

住：京都市上京区今出川通堀川西入　営：9:00～18:00　休：元日　MAP01

上／今出川堀川に店を構える。下／京都の町の碁盤の目に見立てた木箱に、そば板や季節の干菓子を詰めた都しるべ（小）3,000円。

鶴屋吉信の中にある茶屋
菓遊茶屋

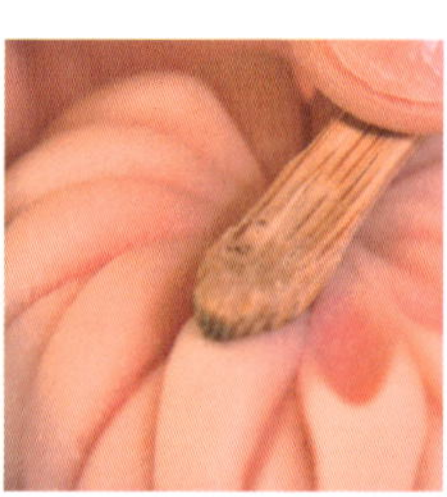

2階の喫茶の一角にある「菓遊茶屋」では、目の前で職人が和菓子を作ってくれる体験が可能。この日は秋の栗きんとんと、御薗菊。ヘラ1本で作り上げる菊の模様に船越さんも感動。「作る様子を間近に見るとありがたみが増します」

左上／栗きんとん。左下／白と赤の生地をあわせてピンクの色を浮かび上がらせる。季節の生菓子とお抹茶900円。喫茶は予約不要、17:30ラストオーダー、水休。

厳選！ 甘いお土産

nikiniki

☎075-254-8284

上生菓子のように美しく仕立てられた生八ッ橋は、女性へのお土産にぴったりと船越さんも愛用。「聖護院八ッ橋総本店」が手掛ける、季節感溢れる新しい八ッ橋を。アムール450円、カッパ550円。

DATA

住:京都市下京区四条西木屋町北西角　営:10:30〜19:00　休:不定　MAP02
※お菓子は季節によりデザインが異なる

京菓子司 末富

☎075-351-0808

軽やかな麩焼き煎餅に紅葉やイチョウなど折々の干菓子を合わせた、京都限定の京ふうせん1,200円。末富ブルーと呼ばれる鮮やかなブルーの包装紙は上品で印象的。お土産にも喜ばれる美しい姿。

DATA

住:京都市下京区松原通室町東入　営:9:00〜17:00
休:日･祝　MAP04

御菓子司 塩芳軒

☎075-441-0803

「目上の方へのお土産は、こちらで選べば間違いありません」と船越さんも太鼓判を押す。本店でしか手に入らない焼饅頭の聚楽150円から、小さな簞笥に入った干菓子、上生菓子までどれもが上質。

DATA

住:京都市上京区黒門通中立売上ル飛騨殿町180　営:9:00〜17:30　休:日･祝･水（月1回）　MAP01

出町 ふたば

☎075-231-1658

河原町今出川で行列の絶えない普段づかいの和菓子といえば名代 豆餅175円。餅の中の塩のきいた赤えんどう豆が、あっさりした餡を引き立てる。「ロケの差し入れにも使うことが多い、名物です」

DATA

住:京都市上京区出町通今出川上ル青龍町236　営:8:30〜17:30　休:火･第4水　MAP01

「京都の極み」をさらに極める

プラスオン！

素朴な甘味を求めて、撮影の合間に立ち寄ることも。

かさぎ屋

☎075-561-9562

二年坂で大正3(1914)年から続く甘味処。竹久夢二も通ったという老舗で出合えるのが3つの味のおはぎ。中でも大粒の丹波大納言小豆を使った粒餡は、つやつやで小豆の美味しさを実感できる味わい。

DATA

住:京都市東山区桝屋町349　営:11:00～18:00　休:火
MAP05

粒餡、こし餡、白小豆のこし餡の三色萩乃餅650円。GWから秋は白小豆がきなこに変わる。

京都が舞台のドラマでも名物のわらびもちを味わいに。

京甘味 文の助茶屋

☎075-561-1972

明治の末に落語家の二代目桂文之助が創業した甘味処。「わらびもちのぷるぷるした食感が絶妙。ドラマ中でもここのは美味しいと紹介したほどです」

DATA

住:京都市東山区下河原通東入八坂上町373　営:10:30～17:30　休:不定　MAP05

わらびもちと甘酒のセット、京好み900円。米と麹だけで作られ生姜をきかせた甘酒は本来、夏バテの栄養補給のための夏の飲み物。冷たい甘酒も飲みやすくて美味。

縁結び

その三

縁によって導かれる人生を、よりよいものにするために。

男女の縁はもちろん、人や仕事など様々な出来事を繋いでくれるのも縁あってのもの。京都にはそんな縁を結んでくれる場所が沢山あります。

壮大な恋愛物語・源氏物語に登場する〈野宮神社〉。縁結びといってまず名前があがる〈地主神社〉。縁結びの神・玉依媛命《たまよりひめのみこと》を祀る〈下鴨神社〉。縁結びの神・磐長姫命《いわながひめのみこと》を祀る結社を持つ〈貴船神社〉。清々しい気に満ちた場所で、心静かに良縁を願いたいものです。

「私たちは生まれ落ちた瞬間から、森羅万象との出合いを繰り返して人生を紡いでいきます。できればすべての出合い、すべての縁が素晴らしいものであって欲しい。ここに紹介した縁結びのスポットを巡って、そんな出合い、縁を掴んでもらえればと思っています」

野宮神社

☎075-871-1972

1,200年以上前の平安時代に創建され、もっとも古い様式の黒木鳥居を持つ〈野宮神社〉。斎宮が身を清めた場所でもある。境内の野宮大黒天は縁結びの神様。亀石をなでて良縁祈願を。

DATA

住:京都市右京区嵯峨野宮町1　拝:9:00〜17:00　MAP12

右／本殿の左手に建つのが大黒天を祀った野宮大黒天。中／亀の形に見えることから、亀石と呼ばれる神石。亀石をなでながら願いごとをすれば1年以内に叶うといわれる。左／真剣に祈る船越さん。

右上／大国主命の銅像。右下／縄文時代の遺物ともいわれる恋占いの石は、一方の石からもう一方へと目をつぶって向かう。左／銅鑼を叩いてその音で良縁を祈る銅鑼の音祈願など、境内には様々な縁にまつわるポイントがある。

地主神社

☎075-541-2097

清水寺の境内にあり、縁結びの神様・大国主命を祀る。境内にある恋占いの石は、目をつぶってたどり着ければ恋が叶うと伝わる。室町時代にはこの石に願いを託す人がいたという歴史ある縁結びスポットで、若い世代にも人気があり賑わう。

DATA

住:京都市東山区清水1-317　拝:9:00〜17:00　MAP05

下鴨神社

☎075-781-0010

太古の原生林・糺の森に創建された、京都でもっとも古い寺社のひとつ。古代の京都を開いた神・賀《か》茂《も》建《たけ》角《つの》身命《みのみこと》と、縁結びと子育ての神・玉《たま》依《より》媛命《ひめのみこと》を祀る。境内には縁結びのご利益で知られる〈相生社〉もある。

DATA

住:京都市左京区下鴨泉川町59　拝:6:00〜17:30　MAP01

下鴨神社の本殿の南に広がる糺の森は36,000坪の敷地を持つ原生林。御手洗川や奈良の小川など4つの小川が流れており、地元の人の散歩道でもある。「京都の街中にこんな原生林があるというのが驚き」

上／東と西の2つの本殿がある。下／相生社に絵馬を奉納して縁結びを祈る際には、作法を守って。

相生社の横には、2本の木が途中から1つになった連理の賢木。「京の七不思議のひとつです」

2015年は21年に1度の式年遷宮の年で、本殿が新しく建て替えられた。装いを新たにすることで神様の気も満ち、パワーが満ちるという。

貴船神社

☎075-741-2016

1,600年の歴史を持つ古社で、水の神社として知られる。かつては気生根と書かれており、気力の生ずる根源の地＝運が開けるパワースポットとして知られる。本宮、奥宮、結社と3社を巡りたい。

DATA

住:京都市左京区鞍馬貴船町180　拝:6:00〜20:00（5月1日〜11月30日・三が日）　6:00〜20:00（12月1日〜4月30日）　MAP14

上右／水の神であるため濁ることがないように「きふね」と読む。中右／かつて日照りには黒馬を長雨には白馬を奉納したという。下右上／そこから転じて絵馬が生まれた。下右中／水に浮かべると文字が浮き出る水占みくじ。下右下／本殿。左4枚／奥宮、結社とお参りする船越さん。奥宮には玉依姫命が乗ってきた船を囲む船形石も。

おすすめ!

良縁をつくる、その他いろいろ

ヤサカタクシー

☎075-842-1212

DATA

四つ葉タクシーの予約は不可。ラッキーにも乗ることができれば乗車の記念証がもらえる

三つ葉のマークの〈ヤサカタクシー〉には、四つ葉のタクシーもある。その数は全1300台のうちわずか4台だけ。「乗ればもちろん、街で見かけても幸運が訪れると言われているんですよ」

天ぷら 八坂圓堂

☎075-551-1488

DATA

住:京都市東山区八坂通東大路西入ル小松町566　営:11:30〜15:00（14:45LO）、17:00〜22:00（21:15LO）　休:無　MAP05

素材の持ち味を生かした天ぷらを贅沢な空間で。海老天を丼つゆ味など3色のおむすびにした良縁天結び3,000円は縁を結んでくれるお土産。

手打ちうどん たわらや

☎075-463-4974

DATA

住:京都市上京区馬喰町918　営:11:00〜16:00　休:不定　MAP18

北野天満宮のお膝元の老舗の名物が一本うどん730円。太く長い人生を送れるように、人生に良縁があるように願った1本だけのうどん。

番外編

炉ばたりん　☎075-252-2626

締めくくりは、船越さん行きつけ中の行きつけで。「船越家の台所みたいなものです」と長期滞在中、週に1度は足を運ぶ炉端焼き居酒屋。おすすめは脂がのった、富山産とろサバ焼1,280円。

DATA

住:京都市中京区蛸薬師通室町西入ル北側　営:18:00〜24:00　休:日　MAP04

「京都の極み」をさらに極める

プラスオン!

悪縁を切って良縁を結ぶ
ご利益がバツグンと大人気

安井金比羅宮

☎075-561-5127

主祭神の崇徳天皇が、讃岐の〈金刀比羅宮〉で一切の欲を断ち切っておこもりしたことから、悪縁切りで知られる神社。「番組でも数々の縁結びスポットを紹介しましたが、こちらは悪縁を切った上で新たな良縁を結んでくれる、縁切りと縁結びの神社。ただし良い縁まで切ることはないのでご安心を」

DATA

住:京都市東山区東大路松原上ル下弁天町70　拝:自由 拝観料無料　MAP05

右上／貼られた形代で覆われた碑。まずは本殿に参拝した後、自分の身代わりとなるお札・形代に願いごとを書き、願いごとを念じながら縁切り縁結び碑の穴を表から裏へくぐって悪縁を切る。次に裏から表へとくぐり良縁を結んだら、形代を碑に貼るというのが一連の流れ。右中／祇園町の一角。右下／境内には絵馬のギャラリーも併設。

京の庭 その四

時代を映してきた庭園で、当時へと思いを馳せる。

平安の貴族によって造り始められた、自然を写し取った池泉庭園。禅の教えを具現化した枯山水。茶の湯の世界へと導く露地庭園。様々な京の文化と深く関わりを持ちながら、発展し受け継がれてきた京の庭。それは時代ごとの人々の庭への思いも感じさせてくれるもの。「庭を前に佇むひとときは、何よりも贅沢な時間といえるのではないでしょうか」

折々の表情が魅力の庭も、秋には紅葉に彩られ、華やかさも際立ちます。寺社仏閣はもちろん、庭を愛でながら過ごせるカフェやバーがあるのも京都ならでは。「京都では平安時代の庭を皮切りに、時代の移り変わりと共に新しい形や新しいあり方の庭が生まれ、育まれてきました。現代人にこそ、庭を愛で、庭と対話する時間が必要なのかもしれませんね」

大覚寺

☎075-871-0071

平安時代初期、嵯峨天皇の離宮として建立され、後に内親王によって寺に改められた、皇室ゆかりの寺院。「五大堂から眺める大沢池は、日本最古の池や林がある庭園。ロケ場所の聖地でもあります」

DATA

住:京都市右京区嵯峨大沢町4　拝:9:00～17:00　休:無（寺内行事により内拝不可日あり）　MAP12

等持院

☎075-461-5786

興国2（1341）年、夢窓疎石を開祖として建立された禅寺。足利尊氏の墓があることでも知られる寺院。西には衣笠山を借景にし、茶室・清漣亭がある芙蓉池、東には心字池と2つの地泉庭園を持つ。

DATA

住:京都市北区等持院北町63　拝:9:00～16:30（受付終了）　MAP17

芙蓉池

池の周りをぐるりと回ることができる回遊式になっており、見る角度で趣ががらりと変わるため、自分の好きな場所を正面として捉えればよいという。折々の草花が華やかさを添える。

心字池

こちらも夢窓疎石の作とされる。中央には大小2つの亀島。〈芙蓉池〉に比べ、質素な趣を持つ〈心字池〉も年に一度、紅葉の季節には一転。紅葉が迫り来る華やかな庭となる。

天龍寺 ☎075-881-1235

嵯峨嵐山に建つ、夢窓疎石が創建した臨済宗天龍寺派の大本山。庭は曹源池を中心とした池泉回遊式庭園で、大堰川を挟んだ嵐山や亀山を借景としている。とりわけ紅葉の季節の華やかさはひと際で、見応えがある。

DATA

住:京都市右京区嵯峨天龍寺芒ノ馬場町68 拝:8:30～17:30(10月21日～3月20日は17:00に閉門) MAP12

天台宗 三千院

☎075-744-2531

延暦年間、最澄が比叡山延暦寺に開いた草庵に起源を持つ天台宗の寺院。国宝の阿弥陀三尊像や、苔むす庭と杉の木立で知られる。庭園・聚碧園はとりわけ紅葉の赤に染まる秋が美しい。

DATA

住:京都市左京区大原来迎院町540 拝:3月～12月7日／8:30～17:30、12月8日～2月／9:00～17:00 MAP15

白沙村荘 橋本関雪記念館

☎075-751-0446

大文字山のふもとに建つ、日本画家橋本関雪の邸宅を使った記念館。建物も庭園も関雪が設計したもの。池泉回遊式庭園には多くの石造美術品が置かれ、その眺めは一幅の絵を見るよう。

DATA

住:京都市左京区浄土寺石橋町37 開:10:00～17:00(季節により変動あり) MAP16

建仁寺

☎075-561-0190

風神雷神図など沢山の見所を持つ京都最古の禅寺。質素ながらどっしりとした佇まい、禅の世界を白砂と石で表現した枯山水庭園の大雄苑は共に禅寺の趣。

DATA

住:京都市東山区大和大路四条下ル小松町584　拝:3～10月／10:00～17:00、11～2月／10:00～16:30　MAP05

明治から昭和にかけて活躍した作庭家・加藤熊吉の作。「目で楽しむより、精神世界を理解するように庭と対話し、理解を深めたい庭です」

大徳寺 興臨院

☎075-491-7636

大本山大徳寺塔頭のひとつで、前田家の菩提寺でもある。方丈南庭は色づく紅葉のさりげない配置が印象的。北庭は一転、紅葉に包まれる。

DATA

住:京都市北区紫野大徳寺町80　拝:10:00～16:00　MAP17

龍安寺

☎075-463-2216

龍安寺の石庭として知られる、方丈庭園を持つ禅寺。すべてを見ることができない15個の石が配置されていて、白砂と紅葉のコントラストが見事。

DATA

住:京都市右京区龍安寺御陵ノ下町13　拝:3～11月／8:00～17:00、12～2月／8:30～16:30　MAP17

南禅寺

☎075-771-0365

正応4（1291）年、亀山法皇の離宮を禅寺とした臨済宗南禅寺派の本山。三門まわり、方丈庭園など、広大な敷地では様々な姿の紅葉を楽しむことができる。

DATA

住：京都市左京区南禅寺福池町　拝：12～2月／8:40～16:30、3～11月／8:40～17:00　MAP16

八幡市立松花堂庭園・美術館

☎075-981-0010

石清水八幡宮の社僧・松花堂昭乗ゆかりの庭園。千利休によって茶の湯が確立すると、それまでとは趣の異なる露地庭園が作られるように。茶室に向かう間に雑念を取り払い、茶の湯の世界に誘うために造られた庭。

DATA

住：八幡市八幡女郎花43　入園：9:00～17:00　休：月（月が祝の場合はその翌平日）、12月27日～1月4日　MAP07
※庭園内、草庵〈松花堂〉では飲食不可

「飛び石に導かれながら茶室へと向かうことで、徐々に山の中へと分け入る気持ちに。庭を眺めながら一服のお茶をいただけば、茶の湯に育まれた、おもてなしの心を感じます」と船越さん。

平安神宮神苑

☎075-761-0221

平安遷都1100年祭を記念し創建。近代日本庭園の先駆者・7代目小川治兵衛による神苑は池泉回遊式庭園で、これまでの庭園の価値観をがらりと変えるものに。

上／臥龍橋は水面に映った空に浮かぶ龍の背を歩くイメージという遊び心。左／東神苑の栖鳳池には泰平橋。

DATA

住：京都市左京区岡崎西天王町　拝：6:00～18:00（境内）、8:30～17:30（神苑）※季節により参拝時間が異なります。上記拝観時間は3／15～9／30のものを適用　MAP16

Café《カフェ》 Arbois《アルボワ》

☎075-432-6181

京都御苑のすぐ西というロケーション。カフェの窓の外に広がるのは江戸時代の公家屋敷に造られた池泉庭園。15基の様々な灯籠が彩る。

DATA

住:京都市上京区烏丸通上長者町上ル 京都平安ホテル1F 営:ブレックファースト7:00～9:30LO、ランチ11:30～14:00LO、ディナー17:00～20:30LO、カフェ10:00～21:00LO 休:不定 MAP01

よーじや 銀閣寺店ショップ&カフェ

☎075-754-0017(カフェ)

あぶらとり紙の人気店のカフェは大正時代の日本家屋を利用。庭を眺めながら抹茶カプチーノ670円などを味わいたい。

DATA

住:京都市左京区鹿ケ谷法然院町15 営:10:00～18:00(17:30LO、季節により変動あり) 休:無 MAP16

祇園 NITI

☎075-525-7128

祇園・花見小路からすっと入った路地にある隠れ家バー。「教えたくないほど素敵な空間。町家の坪庭を眺めながらの一杯は格別」

DATA

住:京都市東山区祇園町南側570-8 営:19:00～26:00 休:日、連休の際は最終日が休み MAP05

参考にしてね!
「京都の極み」をさらに極める
プラスオン!

アバンギャルドな
昭和の名作庭家の庭も。

松尾大社

☎075-871-5016

松尾山を神体とし、名水が湧くため酒造家からの信仰も篤い神社の庭を手掛けたのは重森三玲。上古の庭、曲水の庭、蓬莱の庭の3庭からなる庭園・松風苑がその作品。

DATA

住:京都市西京区嵐山宮町3 庭園拝:9:00～16:00(平日・土)、9:00～16:30(日・祝) 庭園拝観料500円 MAP12

青石が圧巻の上古の庭。「昭和の作庭家による京の庭の新解釈を感じます。〈松尾大社〉へは、これまでに紹介した庭を眺めてから足を運ぶのがおすすめです」

秋の京土産

その五

旅には欠かせない、秋色の土産探し。

古都・京都に暮らす人々は、いにしえより都に集まる厳選されたものに触れて来ただけに審美眼も確か。商われる品々も上質で、古来より京を訪れた人々が必ず土産を買って帰ったことから、ますます多くの土産が作られたともいいます。扇子、針、京菓子、紙小物といった伝統的なものから、和菓子モチーフの雑貨や洋菓子といった新しいものまで。ここに紹介するのは、その歴史まで知りたくなるようなものばかり。土産は買い求めることも、いただくことも多いという船越さんだけに、王道からひと捻りあるものまで、幅広いセレクトが光ります。

「土地が産んだものと書いて〝土産〟。京都が育んだ、京都ならではの伝統や文化、味。それぞれに込められた思いを感じて、大切な方へ届けてもらえればと思います」

右／「末広がりの形から縁起よく、四季の絵柄が描かれたものは、手元で季節を感じる楽しみも」。左／金地に紅葉が描かれた扇子10,000円。

宮脇賣扇庵 ☎075-221-0181

文政6（1823）年創業の京扇子の老舗。手描きの扇面の絵をはじめ、熟練の職人によって87もの工程を経て作られる扇子は、美術品と呼べるもの。伝統を守りながらも、新しいもの作りを欠かさず扇子文化を受け継いでいる。

DATA

住:京都市中京区大黒町（六角通）80-3　営:9:00〜18:00（夏季は19:00まで）　休:無（特別休日:年末年始）　MAP04

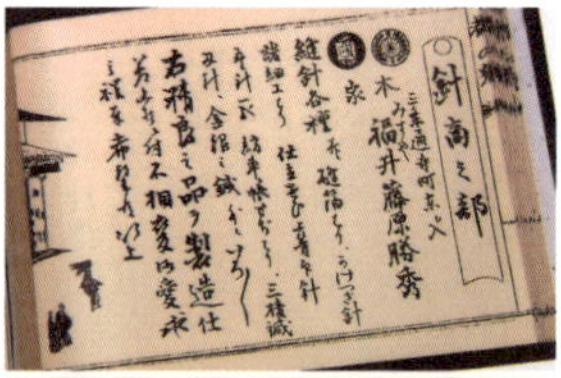

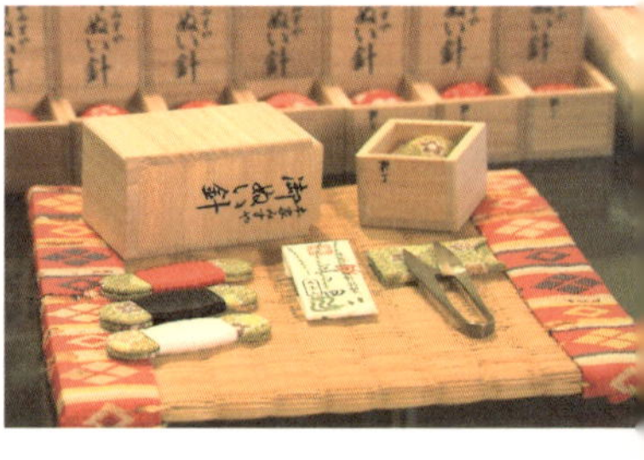

三條本家 みすや針 ☎075-221-2825

創業以来400年にわたって針を商う専門店。針先に角度をつけるなど様々な工夫が凝らされた針は布通りもよく、長く宮中の御用達でもあったほど。人気は飾りまち針や携帯裁縫セット3,600円。

DATA

住:京都市中京区三條通河原町西入ル　拝:10:00〜18:00　休:木　MAP02
※飾りまち針、携帯裁縫セットは店頭のみの販売

緑寿庵清水 ☎075-771-0755

弘化4(1847)年創業の金平糖専門店。一子相伝の技で、1種類を2週間以上掛けて手作りする。かりんとマスカットの「秋菓糖」1,900円など、定番と季節の味で60種ほど。

DATA

住:京都市左京区吉田泉殿町38-2 営:10:00～17:00 休:水・第4火(祝は営業) MAP16

京菓子司 亀屋良長

☎075-221-2005

享和3(1803)年、良質な水を求め堀川醒ケ井に店を構えた老舗菓舗。果物やナッツが彩る羊羹、山の幸1,000円は秋限定のおすすめ。

DATA

住:京都市下京区四条通油小路西入柏屋町17-19 営:9:00～18:00 休:元日、2日 MAP04

鼓月 本店

☎075-802-3321

二条駅にほど近い和菓子店の秋の味は、しっとりした生地で白こし餡を包み、上に栗一粒をのせた贅沢な焼饅頭、つづみ栗5個1,050円。

DATA

住:京都市中京区旧二条通七本松西入ル 営:9:00～19:00(日・祝は18:00まで) 休:無 MAP17

ナナコプラス 京都本店 ☎075-708-6005

伝統を現代的にアレンジしたアクセサリー。京都の老舗和菓子屋の干菓子を再現したものや、本物の飴を使ったものは愛らしい京土産の新定番に。

DATA

住:京都市中京区中之町577-22　営:12:00～18:00　休:火（祝の場合は営業）　MAP02

鈴木松風堂

☎075-231-5003

紙製品の老舗が手掛けるのは、型染め和紙を使った紙小物。入れ子ボックスなど絵柄も種類も豊富。オシドリと唐草の柄は秋限定。

DATA

住:京都市中京区井筒屋町409・410　営:10:00～19:00　休:年末年始　MAP04

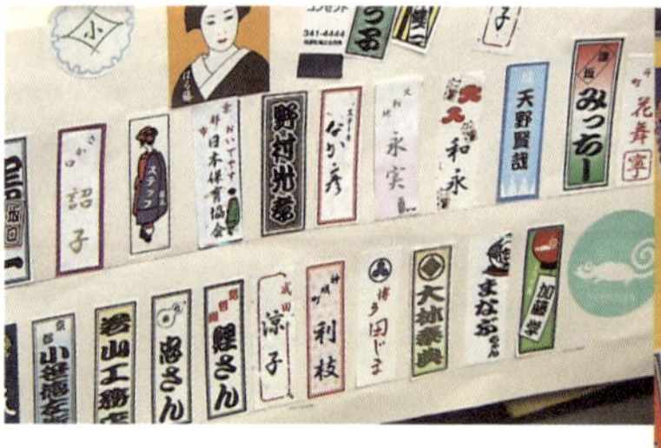

やま京 ☎075-561-0172

祇園町で大正時代に創業した紙専門店。芸舞妓さんもひいきのこの店で手に入れたいのは版から作って和紙に摺る千社札100枚14,000円～。

DATA

住:京都市東山区大和大路四条下ル大和町2　営:10:00～19:00　休:水　MAP05

然花抄院

☎075-241-3300

締めくくりに訪ねたのは、船越さんが愛してやまない紙焼きかすてらのショップ&カフェ。「外はふんわり、中はとろーりな新食感です」

DATA

住:京都市中京区室町通二条下ル蛸薬師町271-1　営:10:00～19:00(18:30LO)
休:第2·4月(祝の場合は翌日)　MAP01

右／カフェではイートインも可能。然ノ膳1,000円。左／聖花冠抹茶·たまご各250円の他、小箱に入ったモダンな菓子など種類も豊富に揃う。

「京都の極み」をさらに極める

プラスオン!

ごはんの友にも酒の肴にも。
作り立てが嬉しい定番土産。

はれま

☎075-561-4623

京土産の定番のひとつが、店々で個性あるちりめん山椒。宮川町に店を構える〈はれま〉のものは、小ぶりのじゃこだけを使い醤油をきりりと効かせた大人の味わい。その日作った分だけを売り切るというスタイルにも心惹かれる。

DATA

住:京都市東山区宮川筋6丁目　営:10:00～18:00　休:日·祝
MAP03

チリメン山椒折詰72g1,000円～。ほかにレンコンとごぼう、昆布、じゃこ、山椒を炊き合わせた野菜昆布折詰150g1,000円～もある。本店の他、祇園店や高台寺店、京都高島屋店も。

おばんざい

その六

思いや知恵が詰まった
京のおふくろの味を再発見。

昔からそれぞれの家庭で作られ、暮らしに根付いて来たおばんざいは、京の食卓に欠かせないおふくろの味。かつては海のない京都まで運ばれてきた棒鱈や身欠きニシン、〆鯖を京野菜と組み合わせて料理することで、独特の料理や調理法が生まれたといいます。そんなおばんざいの言葉の由来から歴史、素材、料理に込められた思いまでを紐解きました。

「一見すると飾り気がないように思えても、そこには代々台所を預かってきた女性たちの暮らしの知恵、始末の心、細やかな思いやりが沢山詰まっていました。毎日食べても食べ飽きなくて、ふっと和む味。それは食べる人の気持ちを思いやった料理だからかもしれません。おばんざいを改めて振り返ってみることで、さらに味わいが深まった気がします」

手づくり惣菜
てんぐ

☎075-221-3110

鯖街道の終点としても知られる下町の台所・枡形商店街にて、創業25年の〈てんぐ〉は寺井さん夫妻が切り盛りする町の惣菜店。たたきごぼうやちりめん山椒など、大鉢に入った惣菜が30種類並ぶ。

DATA

住:京都市上京区桝形通出町西入ル二神町180　営:10:00〜19:30　休:火　MAP01

右上／ちりめん山椒は50g500円。右下／ひじき100g190円。左上／かしわと野菜のたき合わせ100g190円。左下／酢を使わず山椒と醤油で仕上げたたたきごぼう100g260円は一番人気の定番。

左／「おばんざいのばんは番茶や番傘と同じ番の字。常使いという意味がありますす」と女将の高橋さん。下／九条ねぎのぬた、壬生菜の炊いたんなど大鉢料理は25種類ほどが並ぶ。

京のおばんざい
わらじ亭

☎075-801-9685

壬生に店を構える〈わらじ亭〉は船越さんが若い頃から通うおばんざいの店。「旬の京野菜などが並ぶカウンターの上の大鉢を見渡して頼むのが醍醐味。毎日食べても飽きないおふくろの味です」。大鉢のほかにも自家製らっきょや、ちりめん山椒ごはんなど、ほっとする味が揃う。

DATA

住:京都市中京区壬生東大竹町14-2　営:17:00〜23:00(22:30LO)　休:日・祝　MAP17

松富や壽

☎075-255-7899

町家にて、ビュッフェというのが人気のおばんざい店。平日のランチで20種、週末は25種という料理はすべて国産無添加の食材と調味料を利用しているのも嬉しい。

DATA

住:京都市中京区柳馬場三条下ル　営:11:30（準備出来次第）～15:00（14:20LO）、17:30（準備出来次第）～20:30閉店　休:火　MAP04

COLUMN

おばんざいはいつから？

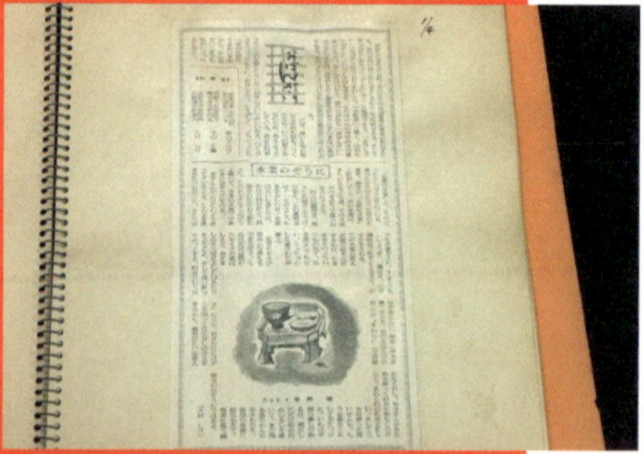

言葉の歴史は約50年！ 意外と短かった呼び名の由来。

由来を教えてくれたのは料理研究家として京の歴史や食文化を伝える杉本節子さん。「一説には昭和39年1月から始まった大村しげさんの連載に、『おばんざいとは京ことばでおかずのこと』と紹介されたのが始まりとも。そこから一気に広まりました」と杉本さん。

COLUMN

京野菜 ～森田良農園～

おばんざいに欠かせない
京野菜を訪ねて上賀茂へ。

「平安以来の都には地方の様々なものが集まってきました。その中から京の地に順応したものが受け継がれたのだと思います。一方で宮中や、寺院の精進料にために上質な野菜が求められ、味のよい優れた京野菜を作り上げてきたのです」と3代目の森田良彦さん。

DATA

住:京都市北区上賀茂池端町39-1　☎:075-712-4889(直販所・おいでやす)　営:10:00～18:00　休:不定　MAP17

京野菜マイスターでもある森田さんは賀茂茄子や九条ねぎ、聖護院大根、金時人参などを育てる。畑の隣には直売所〈おいでやす〉があり、野菜の購入が可能。

出逢ひ茶屋 おせん ☎075-231-1313

ずらりと並ぶ大鉢のおばんざいを作るのは京料理人だけに、上質な味わいの料理が魅力。おばんざい3種盛りのほか7品のおまかせおばん菜コース6,000円がおすすめ。

DATA

住:京都市中京区木屋町通蛸薬師西入ル　営:17:00～23:00　休:無　MAP02

COLUMN

始末料理 ～暮らしの意匠会議～

始末の心、もてなしの心
京都の知恵が凝縮した料理。

家庭ではどのように作られているのか知りたいと訪ねたのは町家に暮らす主婦グループ。「おばんざいはなるべくお金を掛けない、ゴミも出さない家庭料理。とはいえ始末であっても粗末ではありません」と教わり、大根1本を余すことなく使った料理に舌鼓を打つ船越さん。

右／国の登録有形文化財に指定された近代建築。左／お気に入りの抹茶と栗のカクテル宗易と、抹茶の宗易チョコ共に1,200円を味わう。

雪月花 + SALON ☎075-231-0070

締めくくりに選んだのは、大正4(1915)年に建てられた銀行を改装したバー。雪、月、花、サロンとそれぞれに個性ある4つの空間で思い思いに過ごせる。「28年間通い続ける、とっておきです」

DATA

住:京都市中京区三条通富小路西入ル中之町20 SACRAビル1F、B1F 営:19:00～翌2:00 休:無 MAP04

「京都の極み」をさらに極める

プラスオン!

食卓がたちまち京の色になる
おばんざいを持ち帰る楽しみも。

錦市場の惣菜2店

錦 平野

☎075-221-6318

大正7(1918)年の創業以来、50〜60種類のおばんざいを揃える惣菜店。不動の人気は塩味であっさり炊き上げた金時豆とえんどう豆。ほくほくの豆の美味しさに老若男女のファンも多い。

DATA

住:京都市中京区錦堺町東入
営:10:00-18:00　休:無　MAP04

右から塩味金時200g420円、塩味えんどう200g460円。さばの生姜煮1切300円、ゆば高野100g230円。弁当なども充実しており、春の筍ごはんなど季節ごはんも人気。

井上佃煮店

☎075-221-4357

佃煮店という名でも、主役は旬野菜を使ったおばんざい。明治17(1884)年創業の老舗惣菜店には、日々試作を重ねて登場する新作から人気の定番まで70〜80種類のおばんざいが並ぶ。

DATA

住:京都市中京区錦小路通柳馬場西入ル中魚屋町485
営:9:00-18:00　休:第1水・第3日／不定　MAP04

右から、ぐぢ茄子100g290円、いかみょうが酢100g360円、万願寺とうがらし昆布100g450円。量り売りの他、パックになって買いやすいものも。

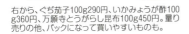

春

春といえば桜。桜といえば京都。
早咲きの〈長徳寺〉おかめ桜から始まり、
遅咲きの〈仁和寺〉御室桜まで。
約1カ月にわたって、
街のあちこちで桜を楽しめるのが
春の醍醐味です。
名所の桜が美しいのはもちろんのこと、
鴨川や高瀬川沿いの桜並木を、
見るとはなしに散策する。
そんな時間もまた贅沢。
街全体が花に包まれるのが京都の春です。

長徳寺

京阪出町柳駅のすぐ近く。門前におかめ桜が咲く。

木屋町通

二条通から五条通まで高瀬川に沿って桜並木が続く。

哲学の道

小道を覆うように咲き誇る桜並木。花筏も美しい。

城南宮

茶席ではしだれ桜を眺めながら抹茶と干菓子を。

高瀬川

ライトアップされる夜。四条から南は風情もひと際。

夏

新緑の中で始まる貴船の川床に、
鴨川の納涼床。
コンチキチンのお囃子と共に、
7月のひと月にわたり数多くの神事が
行われる祇園祭。
町内のお地蔵様に感謝する地蔵盆。
そろそろ夏も終わりと告げる五山の送り火。
木々や苔の鮮やかな緑に包まれて、
夏の京都は心沸き立つ行事が目白押し。
暑さもまた心地よいと思わせる
時間が流れます。

嵯峨野

通年美しい嵯峨野の竹林も、夏には緑が濃く際立つ。

貴船神社

洛北の水の神詣では、川床と併せて小さな旅気分で。

松尾大社

境内に湧く亀の井の水など、名水めぐりもまた楽しい。

衣笠山地蔵院

境内が竹と青紅葉に包まれる夏も美しい。

勧修寺

初夏から夏にかけ氷室の池には花菖蒲や睡蓮が咲く。

先斗町通

お座敷へ向かう芸舞妓さんに出会える、花街の夕暮れ。

木屋町通

その七

時代ごとの顔を持つ通りで、新たな一面を知るひととき。

通りそれぞれに歴史が刻まれている京都の街。高瀬川沿いの木屋町通は、三条から四条は夜になると若者で賑わう京都きっての繁華街。一方、三条から北や四条から南は歴史ある京料理店や料理旅館が並びます。そんな昔と今の魅力を併せ持つ、木屋町通の歴史をひもといた今回。

江戸初期に作られた運河の高瀬川。周りに材木問屋が立ち並び、いつしか木屋町と呼ばれるようになったといいます。やがて幕末には開国派と攘夷派が衝突を繰り広げた舞台に。明治維新の後は産業振興の中心地として発展、そして大正から昭和には映画人を中心に数多くの芸術家が集う街へと変化を遂げてきました。

「いくつものドラマや新たな息吹を知ると、歩き慣れた木屋町通もまた違った顔を見せてくれるようです」

創作木工芸 酢屋

☎075-211-7700

295年、今も続く代々材木商〈酢屋〉は、6代目が坂本龍馬を支援。2階部屋では龍馬を匿い、海援隊の京都本部も置かれた歴史の証人でもある。

DATA

住:京都市中京区河原町三条下ル龍馬通　営:〈創作木工芸 酢屋〉10:30〜20:30　〈ギャラリー龍馬〉10:30〜17:00　休:水(年始は臨時休業)　MAP02

村上重本店

☎075-351-1737

天保3(1832)年創業以来、この地に店を構える漬物店。看板の千枚漬はよい状態の聖護院蕪がある時期しか作らない徹底ぶりが老舗の実力。

DATA

住:京都市下京区西木屋町四条下ル船頭町190　営:9:00〜19:00(土・日・祝は19:30まで)　休:無(元日から3日を除く)　MAP02

右上/後に桂と結ばれた幾松。右下/今も当時のまま残された幾松の部屋は見学ができる。左/京野菜をふんだんに使い、お造りなどが付く昼のお弁当5,658円。

上木屋町 幾松

☎075-231-1234

桂小五郎と恋人・幾松の恋の舞台が、今は料理旅館に。「一歩中に入れば幕末にトリップするような雰囲気が漂って、吊り天井や抜け廊下が、歴史の一幕を伝えてくれます」。贅沢なランチを味わいたい。

DATA

住:京都市京都市中京区木屋町通御池上ル　営:11:30〜13:30LO、17:30〜19:30LO　※要予約。国の登録有形文化財〈幾松の部屋〉は食事の際に希望すれば見学可能　MAP01

島津製作所 創業記念資料館

☎075-255-0980

近代科学発祥の地でもある木屋町二条界隈。明治8(1875)年、初代・島津源蔵が創業した地に残る記念館では、日本初のX線装置など精密機器の最先端を歩んで来た企業の功績を知る。

DATA

住:京都市中京区木屋町二条南　営:9:30〜17:00(入館は16:30まで)　休:水 (祝の場合は開館、振替休館なし)、年末年始　MAP01

右／1918年開発の医療用X線装置。中／創業当初は実験道具を作り理科教育の発展に力を注いだ。左／国産初のマネキンも。

フランソア喫茶室

☎075-351-4042

豪華客船をイメージした空間で壁には西洋画を飾った、サロン風の喫茶店が登場したのは昭和9(1934)年のこと。昭和16(1941)年に改装し、以来変わることなく受け継がれる佇まいが美しい。

DATA

住:京都市下京区西木屋町通四条下ル船頭町184　営:10:00〜23:00 ラストオーダー／サンドイッチ・トースト類22:00 ドリンクorケーキ22:50　休:12月31日・元日、夏季休日(2日)　MAP02

右／「僕の父も通ったそうです」。中／フレッシュクリーム入りコーヒー580円、レアチーズケーキ550円。左／名前の由来は画家のミレーから。

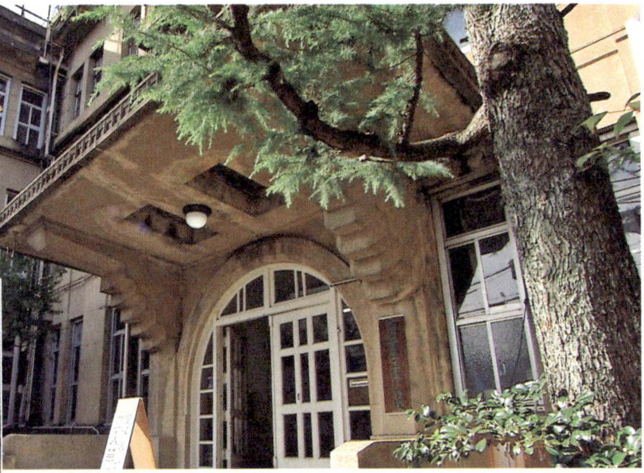

細かなディテールも美しい校舎。
図書室など懐かしい教室も。

元・立誠小学校

明治2（1869）年に開校し、昭和2（1927）年に建てられた校舎を残して平成4（1993）年閉校した後は、芸術文化拠点として賑わう。明治30（1900）年に国内初の試写実験が行われたことから日本映画原点の地とも。

DATA

住：京都市中京区備前島町310-2
MAP02

COLUMN

立誠シネマプロジェクト ☎080-3770-0818

日本映画原点の地にて、
人と映画を結ぶ新たな試み。

校舎の3階には教室を利用した映画の上映スペースが設けられており、海外作品から日本の若手監督のものまで毎日上映が行われている。「映画がこの建物の付加価値となって、京都の人と映画を結ぶ接着剤になって欲しいですね」

DATA

住：元・立誠小学校　南校舎3F　営：上映スケジュールによって変更あり　休：不定

右／ひいきにする役者さんも多い。左／ちゃんこ鍋2人前7,800円はスタッフがすべて用意してくれる。〆は別注の餅、うどん、雑炊から好きなものを選んで。

逆鉾

☎075-221-0845

八代目逆鉾関が、当時の井筒部屋直伝の鶏ガラスープに醤油で味付けしたソップ鍋。味の決め手はニンニク入りの肉団子。「うま味の出たスープは最後まで残さずに」

DATA

住:京都市中京区木屋町通蛸薬師下ル下樵木町203-5　営:17:00～22:00　休:不定　MAP02

「京都の極み」をさらに極める

プラスオン!

賑わう四条木屋町界隈の
大人のための日本酒バー。

SAKE 壱

☎075-223-0311

木屋町通から河原町通へ抜ける路地で出合った、大人が通いたくなる日本酒酒場。店主がセレクトする各地の日本酒は100種以上。気の利いた肴と共に味わいたい

DATA

住:京都市中京区高瀬川筋四条上ル紙屋町373-1　拝:17:00～24:00　休:火　MAP02

右／日本酒は5勺7勺1合のサイズが選べる。中右／5勺500円～。中左／おいなりさんなど気まぐれメニューも。左／シンプルな空間で週末は立ち飲み中心に。

その八

伏見稲荷大社

DATA
住：京都市伏見区深草藪之内町68
休：無　MAP09

無数の鳥居をくぐって、パワーみなぎる聖地へ。

創祀から１３００年、全国に３万あるという稲荷神社の総本宮が〈伏見稲荷大社〉。五穀豊穣の神として往古より信仰を集めてきた神社は、今、外国人にも人気の観光スポットです。千本鳥居で知られるものの、信仰の原点は本殿の背後に控える稲荷山。その神の山を「お山」と呼び、お参りすることを「お山する」というそうです。お山することこそ、ベストなお参りと聞いて船越さんも挑戦です。

「お山には沢山のお塚や祠があって、一周するといろんなご利益とパワーが身体に蓄積されたように思います。人々の稲荷信仰に寄せる思いと神々の力が融合して、稲荷山を霊験あらたかな場所へと育んできたのだとも実感しました。千本鳥居だけを見て満足するのではなく、お山することを是非おすすめしたいですね」

昭和48（1973）年の解体修理の際に発見された墨書で、秀吉の寄進ということが正式に確認されたという。

楼門

天正17（1589）年、母の病気平癒を祈願した関白・豊臣秀吉が、成就により寄進して再建した楼門。檜皮葺きの入母屋造りで、神社の楼門としては日本最大級のものとなる。

右・中／楼門の前には神使である阿吽の狐が。一方は御霊徳のシンボルである玉を、もう一方は霊徳を手に入れる鍵をくわえている。左／秀吉の書状が今も残る。

本殿

稲荷大神が稲荷山に鎮座したのは和銅4（711）年2月初午の日のこと。以来、五穀豊穣から商売繁盛、縁結びまであらゆる願いごとを叶えてくれる神として信仰されてきた。本殿は明応8（1499）年に再興されたもの。

お茶屋

江戸時代には天皇家との関わりも深く、寛永18（1641）年には、後水尾天皇よりお茶屋が下賜された。書院造りから数寄屋造りへと変化してゆく過程がわかる希少な建造物。通常は非公開のところを特別に見学。

千本鳥居

代名詞的な存在がこの千本鳥居。願いが叶うよう、また願いが叶ったお礼にと鳥居を奉納する人が多く、江戸時代にはすでに現在に近い姿に。お山全体では1万基ほどの鳥居があるという。

奥社奉拝所

千本鳥居を抜けたところにあるのが、「奥の院」として知られる〈奥社奉拝所〉。お山へ登ることができない人は、ここから拝所の背後に位置する神の山を拝む。狐の顔の絵馬もここならでは。

中／願いを念じながら石を持ち上げ、感じる重さにより叶うか叶い難いかがわかる「おもかる石」。

お山めぐり

いよいよ神が宿るお山へ。ここから先は無数の鳥居をくぐりながら一ノ峰、二ノ峰、三ノ峰を巡るおよそ4km、約2時間の道のり。「これぞお山信仰の真髄。実はお山に入るのは初めてです」

熊鷹社

商売繁盛と勝負事の神。横にある新池は谺ケ池とも呼ばれ、行方不明の人を探す際に、池に向かって手を打ち、こだまが返ってきた方向に手掛かりがあるとも伝わる。

四ツ辻

お山めぐりのいくつかのルートが交わっていて、京都市内の南西部が一望できる絶景のビューポイント。「頑張ってここまで登ってきた人への神様からのごほうびなんですね」

にしむら亭

☎075-641-2482

四ツ辻の茶店〈にしむら亭〉では名物のいなり寿司850円を。「この辺りのいなり寿司は、狐の顔や耳を模して三角形に作られているそう。胡麻がいいアクセントに」

DATA

住:京都市伏見区稲荷山四ツ辻　営:10:00～17:00(ラストオーダー16:00まで)　休:不定
MAP09

御膳谷奉拝所

鳥居の間に見える石はお塚と呼ばれるもの。「明治の頃から始まったお塚信仰。強いエネルギーを感じます」

薬力、眼力、おせき

無病息災と健康を司る〈薬力社〉、目の病気の平癒や先見の明を司る〈眼力社〉、咳喉を守る〈おせき社〉などのお山には末社も。

玉家 ☎075-641-0103

大鳥居の隣で江戸から続く京料理店では、昔、大名に振る舞った料理に由来する大名弁当5,400円を。

DATA

住:京都市伏見区深草稲荷御前町73 営:12:00〜14:00、12:00〜18:30 休:不定休 MAP09

一ノ峰、二ノ峰、三ノ峰

稲荷山の最高峰の末広大神〈一ノ峰〉、中のお社〈二ノ峰〉、白菊大神〈三ノ峰〉でお山めぐりも締めくくりへ。

「京都の極み」をさらに極める

プラスオン!

境内とは思えない静寂の中
ゆるりと過ごすお茶時間。

松の下屋

P58で紹介した〈お茶屋〉の隣に建つ、大正時代の木造建築では週末限定でお茶を味わうことが可能。表の喧噪を忘れさせる空間で、立体感ある庭を眺めながら過ごす贅沢な時間を。

DATA

住:京都市伏見区深草薮之内町68 伏見稲荷大社境内
営:10:00〜16:00 休:月〜金(祝を除く) MAP09

右/普段は開放されていないため、中で過ごせる時間は希少。左/2011年伏見稲荷大社御鎮座千三百年遷座祭の献上抹茶・千寿を使用した宇治抹茶と折々の上生菓子のセット。庭園拝観料も含め1,200円。

京とうふ

その九

京都で豆腐が名物なのにはきちんと理由がありました。

京都で味わいたいものは、といって真っ先に挙がるのが豆腐。厳選した素材と良質な天然水を使い、伝統の技によって生まれた京とうふは、柔らかな食感で人々を魅了してきました。実は豆腐の９割は水。軟水である京都の水はクセがなく、大豆のうま味を引き出してくれるため、豆腐作りにはとても適した水なのです。

歴史を遡れば、奈良時代に中国から伝来した豆腐は寺院を中心に発展してきました。僧侶にとって豆腐は貴重なタンパク源でもあったのです。その後、江戸時代になって庶民へと広まり、やがて使い勝手のよい食材として京都の家庭の味へ。「そこには京都の文化と歴史が詰まっています。歴史と背景を知り、守り作り続けていく方々の思いと一緒に味わうと、美味しさも格別なものになるのです」

湯豆腐 嵯峨野

☎075-871-6946

「父の代から通っていて付き合いは40年に。京都に来て初めて食べたのが湯豆腐、それがこちらでした。僕の京都の味の原点です」。贅沢な数寄屋造りの中で味わう湯豆腐。最高の湯豆腐を供したいとメニューは1品だけという心意気。

DATA

住:京都市右京区嵯峨天竜寺芒ノ馬場町45 営:11:00～19:00 休:元日、7月第4水・木、12月30日・31日 MAP12

上／「口に入れるだけで溶けてゆく、きめ細かくクリーミーな豆腐が絶妙」。下右／湯豆腐定食10品3,800円。下左／900坪の敷地の中に建つ日本建築というロケーションも贅沢なもの。

入山豆腐店

☎075-241-2339

文政12（1829）年の創業以来、薪の竈《かまど》と井戸水、国産大豆を使い、場所も製法も変えないという老舗。薪を使う訳は、強い火力による短時間の火入れで風味が逃げないことと、焦げる直前の香ばしさがつくことだとか。

DATA

住:京都市上京区東魚屋町347 営:10:00～18:00 休:日、第3月 MAP01

上／木綿豆腐は一度崩してから型に入れることで隙間ができ、独特の柔らかさを持ち、だしが染み込みやすくなるという。下右／店頭では炭火で焼き豆腐が作られている。下左／今も現役の竈。

閑臥庵

☎075-256-2480

黄檗宗の禅寺〈閑臥庵〉では普茶料理の中で豆腐を味わいたい。普茶料理とは色鮮やかな料理を目でも楽しみ、4人が1つの卓を囲んで取り分けながら食べる精進料理の一種。うなぎもどきなど驚きの豆腐料理が揃う。

DATA

住:京都市北区烏丸通鞍馬口東入ル278
営:完全予約制　MAP01

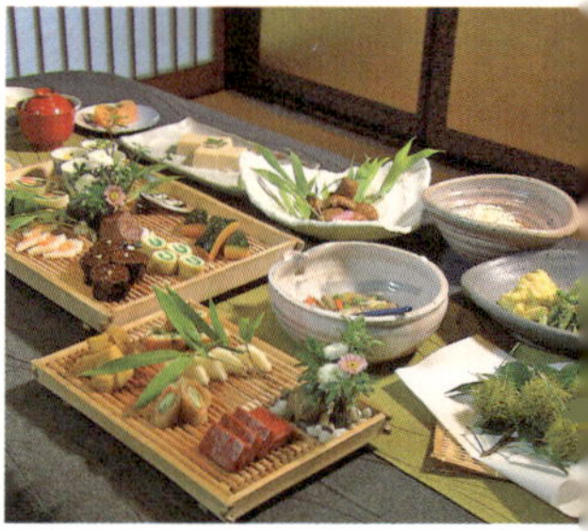

上／「油を巧みに使っていて、しっかり味がついているのも普茶料理の特徴。精進料理といっても食べ応えがあります」。下右／普茶料理 朱膳11,880円。写真は4人前。下中／豆腐とレンコン、長芋で作るうなぎもどき。下左／京都御苑のほど近く。

COLUMN

京の豆腐料理

江戸時代にはレシピ本『豆腐百珍』も出版。

江戸時代になると庶民の食卓に登場することも多くなった豆腐。天明2(1782)年には100種類の豆腐料理をレシピと共に紹介した料理本も出版されており、広く豆腐が広まったことをうかがわせる。後の明治時代には鍋料理に使われ、ますます料理のバリエーションも増えることに。

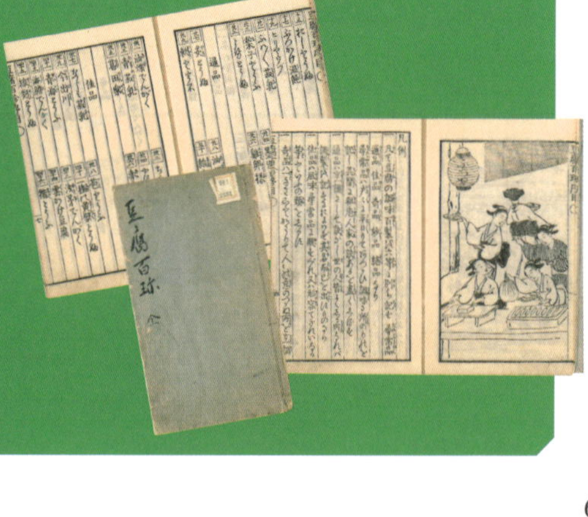

二軒茶屋 中村楼

☎075-561-0016

〈八坂神社〉参道で480年続く茶店の江戸から続く名物は田楽豆腐。店頭で切った豆腐を串に刺し、炭で炙って田楽味噌を塗る。祇園豆腐と呼ばれ、名所で味わう料理はたちまち評判となり、庶民が豆腐を食べるきっかけになったとも。

DATA

住:京都市東山区祇園 八坂神社鳥居内 営:昼11:00～14:00、夜17:00～19:00 休:不定休 MAP05

上／田楽豆腐750円は茶屋にて。下右／豆腐を切る様子の図。下中／江戸時代の豆腐切り。下左／『東海道中膝栗毛』にも登場する。

鳥彌三

☎075-351-0555

創業は天明8(1788)年。坂本龍馬も愛したという水炊きの老舗でも豆腐は欠かせない食材のひとつ。3日間掛けて白濁した鶏スープに負けず、お互いを引き立て合うものをと2種の大豆を使った豆腐を使用する。

DATA

住:京都市京都市下京区西石垣通四条下ル 営:11:30～22:00 休:不定 MAP02

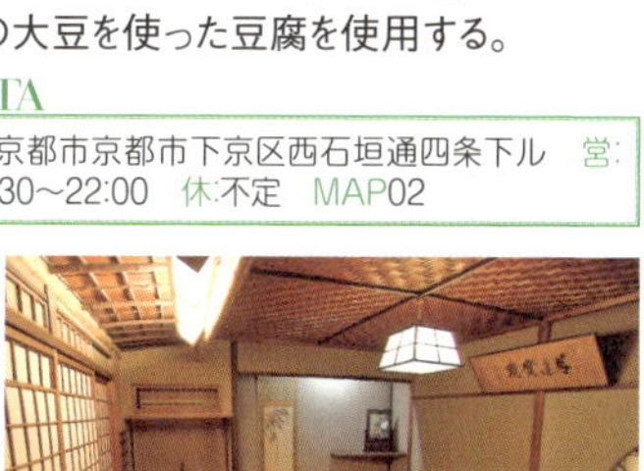

上／水炊き1人前13,000円。写真は3人前。「しっかり歯で噛んで味わう豆腐はスープを吸ってワンランク上の味わいに」。下右／趣ある部屋も魅力。下左／登録有形文化財でもある建物。

「京都の極み」を
さらに極める

プラスオン！

まだまだあります豆腐の名店。
街中で便利なロケーションも◎。

賀茂とうふ 近喜

☎075-352-3131

P65に登場した〈二軒茶屋 中村楼〉〈鳥彌三〉が使っている豆腐はこちらのもの。天保5（1834）年に湯葉の専門店として創業、3代目が豆腐も手掛けるようになった老舗。大豆はすべて国内産の丸大豆を使用しており、豆腐の種類によって大豆を使い分けるという徹底ぶり。甘みと豆の味が際立つ豆腐に、愛用する料理人も多い。手揚げの薄揚げも見逃せない。

DATA

住:京都市下京区木屋町松原上ル天王町142
営:9:00～18:00　休:無（年末年始を除く）
MAP02

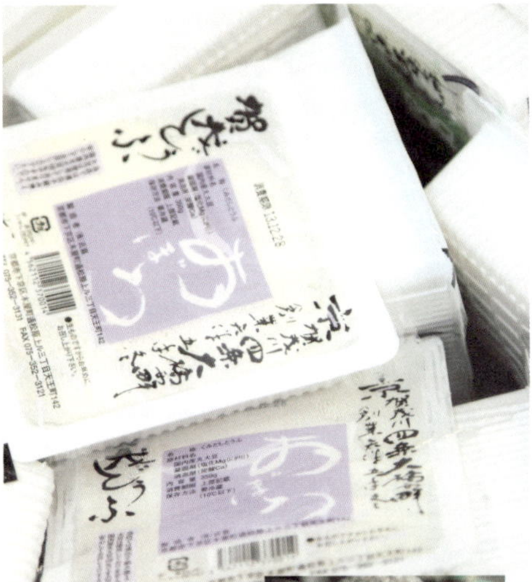

右上／木屋町通に面しており〈鳥彌三〉からも歩いて1分ほどの距離。右下／抹茶で文様を描いた絹ごし豆腐250g410円。左上／甘さが際立つ汲み出し豆腐は一番の人気。おぼろ豆腐350g380円。

都七福神まいり

その十

庶民の信仰から生まれた京都発祥の七福神巡りへ。

数多くの七福神巡りの中で、日本で最も古いとされるのが京の「都七福神まいり」。はっきりした起源はないものの、福をさずけてくれる神様を選び、そのすべてにお参りすることであまたの災難を払い、福運を授けてもらいたいと、室町時代の民衆の中から湧き上がるように生まれたといいます。7柱の神様となったのは、仏教では7が聖なる数字ゆえ。7つの厄を払い、7つの福をもらう。京都に点在する7つの寺社は公共交通機関とタクシーを上手に使えば1日で巡ることも可能。船越さんも実際に体験しながら案内します。

「都七福神まいり」に欠かせないのは、専用の色紙。記念として御朱印をもらいます。「御朱印が増えていくたびに、ご利益をいただけているんだというありがたみを実感することができました」

1 京都ゑびす神社

☎075-525-0005

庶民救済の神・ゑびす神を祀る〈京都ゑびす神社〉。商売繁盛、旅行安全を祈った後は、本殿横の板を叩いて耳の遠いゑびす神に念押しするのを忘れずに。1月には初ゑびすで賑わう。

DATA

住:京都市東山区大和大路四条南　拝:9:00～17:00　MAP05

上／賽銭を投げ鳥居の上の熊手に乗ればご利益が。下右／建仁2(1202)年創建。下中／福々しい笑顔。下左／板は本殿南側に。

六波羅蜜寺 2

☎075-561-6980

弁財天を目指し、天暦5(951)年に空也上人により開かれた〈六波羅蜜寺〉へ。七福神の中で唯一の女性である弁財天は金運財運をもたらしてくれる。空也上人立像など見応えある彫刻も。

DATA

住:京都市東山区五条通大和大路上ル東　拝:8:00～17:00　MAP05

上／室町時代修宮の本殿。下右／水を神格化した弁財天。下中／願いを込めて回す一願石。下左／境内には銭洗い弁財天も。

3 妙円寺

☎075-781-5067

江戸時代初期に創建された〈妙円寺〉が建つのは五山の送り火「法」の松ヶ崎山のふもと。五穀豊穣、開運招福、商売繁盛のご利益がある大黒天。なで大黒は本堂前に鎮座する。

DATA

住:京都市左京区松ヶ崎東町31番地　拝:9:00～17:00　MAP16

上／本殿には大黒天が祀られる。下右／お腹を撫で船越さんは内臓の健康を祈願。下左／通称は〈松ヶ崎大黒天〉。

4 赤山禅院

☎075-701-5181

仁和4(888)年に〈比叡山延暦寺〉の別院として建立された〈赤山禅院〉。幸福、高禄、寿命のすべてを兼ね備えた福禄寿は境内の一番奥に。厄除け、商売繁盛、健康、長寿などを祈りたい。

DATA

住:京都府京都市左京区修学院開根坊町18
拝:9:00～16:30
MAP16

ちょっと寄り道

小林家

☎075-791-1037

昼ごはんは〈赤山禅院〉から徒歩5分のこちらへ。ふわふわの揚げとシャキシャキの九条ねぎをたまごでとじた衣笠丼600円は、京都ならではの味。

DATA

住:京都府京都市左京区修学院室町17　営:11:00～20:00
休:水　MAP16

5 行願寺

☎075-211-2770

寛弘元(1004)年に建立された〈行願寺〉。中国の老子が天に昇り、仙人になった姿と伝わる寿老人は子宝、病気平癒、長寿のご利益を持つ。桃山時代の寿老人像は通常非公開。

DATA

住:京都市中京区寺町通竹屋町上ル行願寺門前町　拝:8:00〜16:30　MAP01

上/創建したのは行円上人。下右/現在の寿老人像は昭和になって作られたもの。下左/別名〈革堂〉とも呼ばれる。

右上/高さ55mの五重塔は日本一の高さを誇る木造建築。右下/正式な名は兜跋毘沙門天。左/国宝の金堂と五重塔。

6 東寺

☎075-691-3325

創建は延暦15(796)年、後に弘法大師が日本初の密教寺院とした。毘沙門天は四天王では多聞天とも呼ばれ、北方を守護する神。学業成就や安産など10種の福徳がある。

DATA

住:京都市南区九条町1番地　拝:8:30〜17:30(3/20〜9/19)、5:00〜16:30(9/20〜3/19)※開門時間変更あり　MAP06

7

萬福寺

☎0774-32-3900

寛文元(1661)年に隠元禅師によって建立された黄檗宗の大本山。布袋尊は七福神の中で唯一実在したといわれる中国の高僧・契此《かいし》がモデルで、諸縁吉祥をはじめ家庭円満や金運のご利益を持つ。

DATA

住:京都府宇治市五ヶ庄三番割34　拝:9:00～17:00
MAP10

右／色紙は家に飾って福を願いたい。左／すべての寺社の御朱印の受付は16時30分まで。1日で回る場合は順番と効率も大切。

古来の都人の祈りに倣い、
五社を巡りパワーをもらう。

「京都の極み」をさらに極める
プラスオン!

京都五社巡り

東の蒼龍、西の白虎、南の朱雀、北の玄武。平安京は方向を司る四神が守る「四神相応の地」として造られた都。ゆかりある神社を巡ってご利益と共に御朱印を集めるのが「京都五社巡り」。

1

上賀茂神社

☎075-781-0011

DATA

住:京都市北区上賀茂本山339　拝:5:30〜17:00　MAP17

正式名称は〈賀茂別雷神社〉。水清き賀茂川が流れ出る北に位置する。京都最古の神社として知られる。

2

八坂神社

☎075-561-6155

DATA

住:京都市東山区祇園町北側625　拝:自由　MAP05

朝日が昇る東山の麓にあり、御祭神は素戔嗚尊《すさのおのみこと》。四条通に面した西楼門、7月に行われる祇園祭が有名。

3

城南宮

☎075-623-0846

DATA

住:京都市伏見区中島鳥羽離宮町7番地　拝:自由　神苑拝:9:00〜16:30(受付16:00まで)　MAP11

平安遷都の際に都の南に守護神として創建された神社。京の交通の要衝に位置し、方除の神で名高い。

4

松尾大社

☎075-871-5016

DATA

住:京都市西京区嵐山宮町3　拝:5:00〜18:00　MAP12

桂川を渡った西にあり、松尾山を御神体とした京都最古の神社のひとつ。酒造りの神として酒造家の信仰も篤い。

5

平安神宮

☎075-761-0221

DATA

住:京都市左京区岡崎西天王町　拝:6:00〜18:00(境内)、8:30〜17:00(神苑)※季節により参拝時間が異なります。上記拝観時間は3/15〜9/30のものを適用　MAP16

平安遷都1100年を記念し、平安京の大極殿さながらに建てられた。10月22日の時代祭は壮大な時代絵巻。

ほっこり冬の美味 その十一

寒さが待ち遠しくなる美味づくしで冬の口福を。

山々に周りをぐるっと囲まれた京都の冬は、盆地特有の底冷えのする寒さ。だからこそ昔から、工夫を凝らした身体の温まる料理が沢山生まれています。料理研究家の杉本節子さんに京都の冬の味を尋ねると、「京都の寒い寒い冬を乗り切るために大切なものは3つ。蒸しもの、あんかけ、そして九条ねぎなんですよ」と教えてくれました。

まずは甘酒で温もった後、3つを探しに街へと出掛けた船越さん。寿司、うどん、甘味から、創作料理にすき焼きまで。身体が内側から温もる美味づくしで、寒さも忘れるほど。「冷えた身体を温めるだけでなく、底冷えする京都の冬を楽しいものに変えていこうとする、知恵と味わいが満ちていました。思わずキンと冷える寒さが恋しくなったほどです」

伏見稲荷参道茶屋

☎075-642-6426

〈伏見稲荷大社〉参道に店を構える甘味処の名物は甘酒。米麹で作る優しい甘さの甘酒に生姜と、香ばしい焼き餅が加わって温もるのはもちろん、腹持ちもよい。お山した後にぜひ。

DATA

住:京都市伏見区深草開土町1-10　営:10:00～17:30
休:火　MAP09

右／稲荷あまざけ520円。江戸の武士は悪酔い防止に酒を飲む前に甘酒を飲んだそう。左／参道を入ってすぐ。

寿司 乙羽

☎075-221-2412

明治中期に創業した京寿司の老舗の、冬の名物は先代が大正時代に考案した蒸し寿司。「店先のせいろは京の風物詩。湯気がのぼる様子を見ると冬を感じます」。丼ごと蒸すため最後まで熱々。

DATA

住:京都市中京区新京極通四条上ル中之町565
営:11:00～21:00　休:月　MAP02

上／細かな錦糸卵の下には焼き穴子などが入った、むし寿し1,512円。10～3月の期間限定。右／新京極通に面した店。

祇をん 松乃

☎075-561-2786

〈南座〉の並びにある鰻専門店は、舞台終わりの役者さんや芸舞妓さんにも人気。創業以来継ぎ足し続けるタレを使って焼き上げた鰻を、ふわふわの卵と共に蒸したせいろむしは冬の醍醐味。

DATA

住:京都市東山区祇園南座東四軒目　営:11:30～21:00
休:無　MAP05

上／お土産にしたいぶぶづけ鰻の販売も。下／せいろむし5,700円。ほんのり甘い卵が、ふっくらした鰻を引き立てる。

祇園 そば処 おかる

☎075-541-1001

右からのっぺいうどん940円、人気のチーズ肉カレーうどん1,050円、生姜たっぷりたぬきうどん770円。

大正14（1925）年創業の、祇園町のうどん店で出合う冬の味はたぬきうどん。刻みきつねと九条ねぎのきつねうどんにドロッとしたあんをかける＝ドロンと化けることからその名がついたという。優しいだしを味わう一杯。

DATA

住:京都市東山区祇園富永町132　営:11:00～15:00、17:00～翌2:30（金・土は翌3:00まで）　休:無　MAP05

一平茶屋

☎075-561-4052

左／大正時代の建物で落ち着いた雰囲気に。下／ぐじや鰻、百合根などが入ったかぶら蒸し1,944円（税込）は通年のメニュー。

明治時代の創業以来、かぶら蒸しが名物の京料理店。すりおろした聖護院蕪に道明寺粉を混ぜ、具材と共に蒸したら葛の銀餡をたっぷり。蒸しもの×あんかけのコンビで温もること間違いなしの上品な味。

DATA

住:京都市東山区四条川端南　営:12:00～21:00　休:木　MAP05

右／隣には干菓子を扱うショップも併設。上／葛湯・冬こもりは飲み物とセット1,500円。12月初旬～1月下旬の期間限定（年末年始を除く）。

ZEN CAFE《ゼンカフェ》

☎075-533-8686

葛きりで知られる〈鍵善良房〉が手掛けるカフェは、伝統をベースに今の時代に合った和菓子の提案をしてくれる。寒い季節の楽しみは、上質な葛粉を使った葛湯。柚子味噌入りの道明寺団子と共に。

DATA

住:京都市東山区祇園町南側570-210　営:11:00～17:30LO　休:月（祝の場合は翌日）　MAP05

右上／豚トロと京都産九条ねぎ焼750円。左／京都産九条ねぎとゴボウのきんぴらのピザ800円。

野菜ダイニング 薬師《くすし》

☎075-212-4313

実家はおばんざい屋という店長が営む野菜料理店。京野菜を中心に折々の野菜が揃うなか、冬の看板はやはり九条ねぎ。炒めものやピッツァなどバリエーション豊富なメニューに。

DATA

住:京都市中京区河原町通三条下ル大黒町42-3山新ビル3F　営:17:00〜24:00　休:不定　MAP02

モリタ屋 木屋町店

☎075-231-5118

明治2(1869)年開業の牛肉の老舗。まずは1枚、肉を焼き味わってから鍋にする京風のすき焼きでも、名脇役は九条ねぎ。「九条ねぎもたまりません」。すき焼き特選コース7,800円。写真は2人前。

DATA

住:京都市中京区木屋町三条上ル上大阪町531　営:11:30〜15:30(14:30LO)、17:00〜23:00(22:00LO)、土･日･祝11:30〜23:00(22:00LO)　休:無　MAP02

COLUMN

九条ねぎ 〜葱常〜 ☎075-691-4685

手間暇掛けて育つ冬の京野菜の主役。

明治時代から5代にわたり九条ねぎを扱う専門店〈葱常〉。2度の植え替えを行い、1年半以上掛けて育てるという九条ねぎは甘く瑞々しくなる冬こそ旬。

DATA

住:京都市南区四ツ塚町15　MAP06

冬の昼ごはんはこれ!
個性派が揃う京のラーメン3選。

ラーメン3選

「京都の極み」をさらに極める

プラスオン!

新福菜館 府立医大前店

☎075-212-7698

昭和13(1938)年に屋台から始まった京都ラーメンを代表する一軒。真っ黒な色に驚くものの、醤油味の鶏ガラスープはあっさり。中華そばメンマ入800円、やきめし(小)400円。「やきめしも必食」

DATA

住:京都市上京区上生洲町197-6　営:11:00〜22:00　休:水　MAP01

てんぐ 常盤店

☎075-872-7223

国産骨太豚骨と鶏骨を煮出したスープと、和風だしのダブルスープで一口目からがつんとうまい系。てんぐラーメン(並)700円。

DATA

住:京都市右京区常盤北裏町1　営:11:30〜翌2:00(翌1:40LO)　休:無　MAP08

ますたに 今出川店

☎075-781-5762

鶏ガラスープの背脂醤油で、背脂系の草分的存在。甘さとコクのあるスープに細めのストレート麺が合う。ラーメン(並)650円。

DATA

住:京都市左京区北白川久保田町26　営:10:00〜19:00、10:00〜18:00(日・祝)　休:月・第3火　MAP16

京の白みそ

その十二

誕生は平安時代まで遡る食卓に欠かせない白味噌。

かつて徳川家康の八丁味噌など、戦国武将のお膝元ではよい味噌が造られてきましたが、すべて保存の効く赤味噌。ではなぜ京都では白味噌が発展したのか、製法からひもといて考えてみます。白味噌も赤味噌も大豆、米、塩という原料は同じ。ところが白味噌の塩は少ないため日持ちせず、長期熟成ができない。それが白く仕上がるゆえんです。また米の澱粉を糖に変えて甘みを引き出すために、使う米の量は赤味噌の倍。全国から沢山の米が集まる都だったからこそ、米をふんだんに使う白味噌を造ることができたのです。

「正月には雑煮、普段の食卓には味噌漬け、そしてお菓子にも。白味噌だけが持つ甘みと風味をいかに愛して育ててきたかを知り、さらに進化を続け可能性を広げていく姿に心意気を感じました」

本田味噌本店

☎075-441-1131

天保元(1830)年、杜氏だった初代が麹づくりの腕を見込まれ宮中に味噌を納めたのを機に創業した。以来、西京味噌と呼ばれる上品でまろやかな白味噌を中心に味を守り続けてきた味噌の老舗。

DATA

住:京都市上京区室町通一条上ル小島町558
営:10:00～18:00　休:日　MAP01

上／店頭に並ぶ味噌は30種類。下右／〈京都御所〉のすぐ西に建つ。下左／西京白味噌1kg2,000円は季節限定品。

志る幸

☎075-221-3250

昭和7(1932)年創業の割烹料亭では、汁をひとつの料理として捉え、折々の椀種で汁物を楽しませてくれる。なかでも白味噌の雑煮は冬限定の味。丸餅と共に、だしと白味噌を堪能させてくれる。

DATA

住:京都市下京区四条河原町上ル一筋目東入ル　営:11:30～14:30(LO)　17:00～20:30(LO)　休:水　MAP02

上／能舞台を模した席で味わう。下右／四条河原町からもすぐ。下左／酒肴にかやくごはん、汁の利久辯當2,500円。

魚とく

☎075-257-3282

創業70年の老舗鮮魚店を兄弟で営んでいた店主が作る西京漬専門店。「白味噌が前に出すぎず、魚のうま味を引き出します」

DATA

住:京都市中京区烏丸御池上ル二条殿町543-2　営:10:00〜18:00　休:日(7·12月は除く)　MAP01

下右／老舗の白味噌を使用。魚は中央市場で目利きを。下中／ご主人おすすめは甘鯛。下左／定番から季節ものまで約20種。

COLUMN

白味噌造り 〜御幸町 関東屋〜 ☎075-231-1728

老舗で見る技と心意気に白味噌への思いが深まる。

江戸時代から続く老舗〈御幸町 関東屋〉。最上級の白味噌を造るには皮を剥いて柔らかく煮た大豆と、2日間手を入れながら育てた米麹を合わせ、10日ほど熟成させて造る。昔ながらの製法でそのほとんどが手仕事だ。「伝統に培われた職人技と、白味噌への愛情を目にして、大切に味わいたくなりました」

DATA

住:京都市中京区御幸町通夷川上ル松本町582　営:9:00〜18:00　休:日·祝·第3土　MAP01

老松 北野店

☎075-463-3050

花街でもあり北野天満宮の参道でもある上七軒に店を構える老舗菓舗。正月の花びら餅や端午の節句の柏餅など、折々に白味噌を餡に使った和菓子が登場する。「白味噌の香りが上品です」

DATA

住:京都市上京区北野上七軒　営:8:30〜18:00　休:不定　MAP18

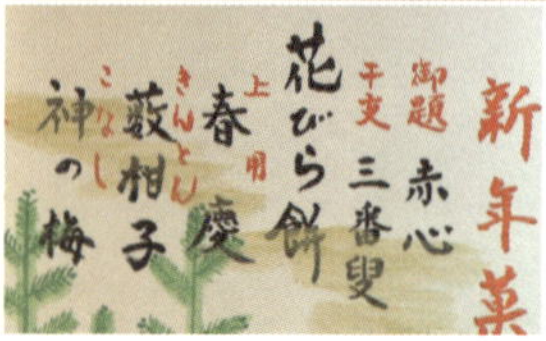

上／今年のみそ餡の柏餅280円は4／25〜5／5の販売。左／花びら餅は甘く煮たごぼうと白味噌餡を求肥で包む。

クレームデラクレーム

☎075-241-4547

個性派も揃うシュークリーム専門店。〈御幸町関東屋〉に別注し塩分をぎりぎりまで抑えた白味噌を使ったシュークリームは生麸を合わせて雑煮のイメージで。京の白味噌シュー180円。

DATA

住:京都市中京区烏丸竹屋町少将井町225　営:平日・土10:00〜20:00、日・祝10:00〜18:00、2Fカフェ11:30〜18:00(LO17:30)　休:火(祝は除く)　MAP01

旬彩ダイニング 葵匠

☎075-213-3559

枡形商店街のすぐ近く。老舗の味噌蔵ダイニングでは白味噌を使い、黒豚を合わせた名物鍋を。「白味噌の甘みが黒豚の甘みを引き出していて、相乗効果に驚きます」。黒豚白味噌鍋1,500円。

DATA

住:京都市上京区青龍町218　営:11:30〜15:00、17:00〜21:00　休:水　MAP01

まだまだある人気の白味噌。
好みの味を探してみては。

白味噌3選

山利商店

FAX 075-541-7603

麹の風味が際立ち、甘すぎずまろやか。愛用する料理人や料理家も多く、三千家も御用達の上品な味わい。味噌汁などには惜しみなくたっぷり使いたい。そのままでは発酵が進んでしまうため保存は冷凍庫で。

DATA

住:京都市東山区山田町499　営:8:00～16:00（年末のお求めは事前予約制）　休:日　MAP03　※申し込みはFAXにて

京白味噌500g864円。宮川町の店の他、錦市場〈麸嘉〉でも購入可能。

しま村

☎075-231-2581

卸を営んでいた店主が味を追求するあまり味噌を造り始め創業。保津川の伏流水で作る白味噌は板麹を使う昔ながらの製法。甘さ控えめで優しい麹の風味。白味噌500g950円。

DATA

住:京都市上京区中筋通石薬師下ル新夷町382
営:9:00～18:00　休:日、祝、第2･4土　MAP01

石野味噌

☎075-361-2336

天明元（1781）年創業、9代にわたって白味噌を造り続ける老舗。味噌造りには水が大切と石井筒の湧水を使用。輪郭がはっきりした、コクのある味わいの特醸白味噌300g432円。

DATA

住:京都市下京区油小路通四条下ル石井筒町546
営:9:00～17:00　休:土･日･祝　MAP04

秋

京都がもっとも賑わうのは紅葉の秋。
歴史ある寺社の建造物を紅葉が
赤や黄色に染めて、華やかさもひと際。
どこを切り取っても
一幅の絵になるような
風情に溢れています。
寺社を訪ねるのも、街を散策するのも、
おすすめはまだ人も少ない早朝。
静かに紅葉と向き合えば、
京都の魅力をより一層実感できるに
違いありません。

東福寺

通天橋など境内の3本の橋から紅葉の海を眺める。

嵐山

山全体がオレンジに染まる嵐山。手前には渡月橋。

常寂光寺

起伏に富んだ境内の野趣も備えた紅葉が魅力。

北野天満宮

秀吉が作った御土居が残るもみじ苑は散り紅葉が見事。

南禅寺

頭上を紅葉が覆う、紅葉の天井は迫力たっぷり。

祇王寺

散り始めには苔とのコントラストも美しい、散り紅葉。

東福寺

2000本もの楓が植えられた境内の眺めは圧巻。

冬

南座に顔見世興行の招き看板があがれば、
いよいよ京都も冬。
底冷えする寒さは厳しいけれど、
喜ばせてくれる風物詩も沢山。
海老芋や金時人参など冬が旬の京野菜。
すぐき漬けや千枚漬け、蒸し寿司、
蕪蒸しといった冬の味。
特別公開の寺社仏閣。
時にはしんしんと降り積もる雪景色。
冬もまた京ならではの魅力が溢れます。

八坂神社

風格ある西楼門は祇園を代表する景色のひとつ。

白川

白川に沿ってそぞろ歩けば、冬の寒さも忘れそうな眺め。

巽橋

石畳に町家、白川、桜並木と京都らしさも際立つ。

辰巳大明神

伎芸上達の神として芸舞妓さんもお参りする。

上賀茂神社

立砂も雪をまとい凛とした姿。正式名は〈賀茂別雷神社〉。

錦市場

お正月の用意をする人々でおおいに賑わう師走の光景。

冬の大原三千院

その十三

凛とした空気に包まれて、自分と向き合った大原の地。

平安から伝わる国宝級の秘仏の数々と、一幅の絵のような庭園、千年もの間受け継がれてきた神秘の音色・声明。京都の奥座敷・大原にはそんな魅力が詰まっています。今回は歴史に触れ、冬ならではの表情を知りたいと足を運びました。

〈比叡山延暦寺〉に近い大原は、かつて貴人や仏教修行者の隠棲の地でした。1年に1度行じる托鉢寒行から始まり、庭園を眺め、仏様に向き合い、声明に耳を傾け、坐禅、精進料理と大原での一日を過ごした船越さん。「日常の喧噪を離れて、冬の凛とした静かな佇まいに身をおくと、おのずと自分と向き合い、自分を見つめることになりました。四季の移ろいを写す庭を見ると、冬はもちろん、春夏秋と四季折々の大原も目にしたいという思いに駆られました」

天台宗 三千院

☎075-744-2531

延暦年間に伝教大師・最澄が〈比叡山延暦寺〉を建立するにあたり、境内に構えた庵に起源を持つ〈三千院〉は大原の中心的存在。その名は「一念三千観」という天台宗の教えから付けられている。

DATA

住:京都市左京区大原来迎院町540 拝:3月～12月7日／8:30～17:30（17:00受付終了）、12月8日～2月／9:00～17:00（16:30受付終了）
MAP15

客殿

畳の上に座り柱で切り取った向こうに聚碧園を眺める。座って見ることで心が落ち着き、そこに沁み入った景色は忘れないものとなるそう。

聚碧園

客殿から見る池泉鑑賞式庭園。江戸の茶人・金森宗和により整えられた庭は人工の山に苔が生え池と合わせ立体的な空間を演出する。

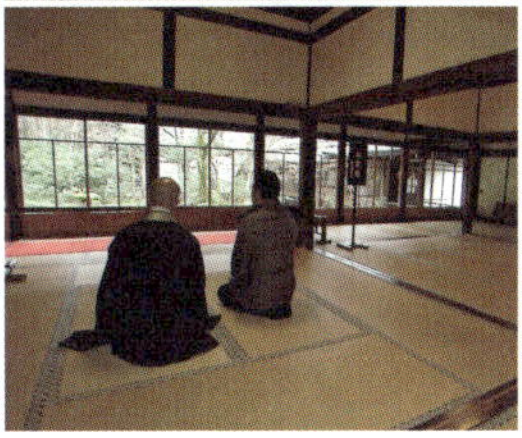

COLUMN

冬の行事～托鉢寒行～

大原の人々も心待ちにする寒さの中の托鉢修行。

托鉢とは仏道修行のひとつ。年の終わりに一度だけ行われ、山伏が吹く法螺の音を先頭に僧侶が600軒もの家々を回り、家内安全・七難即滅・七福即生の読経を行い、お布施を受け取る。最も寒い季節に行われるのは、寒い中で行うことでより多くの功徳がもたらされることから。

宸殿

本堂である宸殿は、御所の紫宸殿を模したもの。本尊の薬師瑠璃光如来が祀られた本殿、歴代の住職や皇族から住職になった方々の位牌を祀る内仏殿、天皇が座る玉座の間からなる。玉座の間から見る有清園は最上の眺め。

上／有清園から見る宸殿。下右／向かって右には皇族の位牌が、左には歴代住職の位牌が祀られている内仏殿。下左／玉座の間。

有清園

宸殿の前に広がる池泉回遊式庭園。清らかな自然をたたえ、凛と天をつく杉木立、一面を覆う杉苔の緑が心に安らぎをもたらしてくれる。苔の中には杉村孝作のわらべ地蔵の姿も。雪に覆われ、静謐な世界を作り出す冬の日も美しい。

往生極楽院

寛和2（986）年に恵心僧都源信が建立し、一度も焼失することなく今に受け継がれる御堂。お堂に比べて大きな仏像を収める工夫として、天井を舟底型に折り上げた堂内には、国宝阿弥陀三尊坐像が安置されている。

右／大和坐りの両観音の話を聞く。中／阿弥陀如来を中心に右手に勢至菩薩、左に観音菩薩。平安後期を代表する仏像。左／建立当時描かれていた天井画を復元した舟底型天井。

右上／拝観に際して抹茶と菓子が供される。右下／樹齢700年の五葉松は滋賀の近江富士をかたどったもの。京都市指定の天然記念物でもある。左／客殿の柱と柱で庭を切り取る額縁庭園。五葉松もここでは角度を変え、力強い姿を見せている。

宝泉院

☎075-744-2409

〈勝林院〉の塔頭として長和2(1012)年に創建された。立ち去りがたいという意味の盤垣園と名付けられた庭園、声明を唱える際の調律の石盤、伏見城の血天井など見どころが多い。

DATA

住 京都市左京区大原勝林院町187　拝 9:00〜17:00(最終受付16:30)　MAP15

上／本堂は安永7(1778)年に再建された。本尊は阿弥陀如来。左上下／特別に披露された声明の調べに耳を傾ける船越さん。

勝林院

☎075-744-2409

長和2(1013)年、声明の根本道場として建立された寺院。声明とは経文に節をつけたもので、民謡や浄瑠璃など日本音楽の原点ともいわれる。

DATA

住 京都市左京区大原勝林院町187　拝 9:00〜17:00　MAP15

浄蓮華院

☎075-744-2408

承徳2(1098)年に建立された、大原で唯一の宿坊を持つ寺院。御本尊の阿弥陀如来の前で坐禅や写経の体験から、精進料理の食事、宿泊までできるのがなんとも贅沢。

DATA

住 京都市左京区大原来迎院町407　営 15:00(チェックイン)、10:00(チェックアウト)　休 不定　MAP15

上／船越さんも息を数える数息観で行われる坐禅に挑戦。右下／ボリュームある精進料理の夕食。1泊2食付き8,000円。

料理人もこぞって向かう
力強い野菜&食材の朝市へ。

大原ふれあい朝市

☎075-744-4321

自然豊かな大原では、代々の農家から新たに農家となった若手まで、数多くの生産者が様々な野菜を育てている。伝統的な京野菜から、珍しい西洋野菜までがずらりと並ぶ朝市は必見だ。

DATA

住：京都市左京区大原野村町1012番地　営：日6:00〜9:00
MAP15

右／朝採れの新鮮野菜を中心に、山の恵の山菜、搗きたての餅、平飼い卵など様々な大原の味が並ぶ。
左／早朝の朝市に行くのが難しい場合は、同じ敷地にある〈里の駅大原〉を活用したい。

旬の野菜が並ぶため、なにがあるかは行っての楽しみに。食べ方は作り手に聞くのがベスト。そのやりとりからインスピレーションを受けるという料理人も多い。

その十四 京漬物

京都の三大漬物を巡り、文化に根ざす深い歴史を知る。

京都の季節を彩る味といえば京漬物。平安時代、宮中への献上物として集まった選りすぐりの野菜を、京の農家が栽培し、改良することで生み出したのが京野菜。その野菜を保存食にしたのが京漬物の始まりです。

なかでも三大漬物と呼ばれるのが、聖護院蕪を塩と昆布で漬ける千枚漬、大原の紫蘇と茄子を漬けたしば漬、上賀茂のすぐき菜を乳酸発酵させたすぐき漬。3つの産地をめぐり、その製法から味わいまでを体験した船越さん。

「そこには伝統の味を守り続けていく人たちの思い、たゆまぬ努力に裏打ちされた匠の技がありました。けれど何よりもその伝統を支えているのは、漬物という京都の文化を愛してやまない家族の絆だと感じさせてくれました」

打田漬物 錦小路店

☎075-221-5609

錦市場に店を構える〈打田漬物〉は、ぬか漬けから塩漬けまで70種ほどが並び、京漬物のほとんどがここで揃うため、船越さんが漬物を求めて必ず立ち寄る一軒。

DATA

住:京都市中京区錦小路通柳馬場西入 営:9:00～18:00 休:元日 MAP04

上／白菜や大根の浅漬が人気。試食ができるため、好みの味を見つけることができる。下右／あっさり瑞々しい京壬生菜漬150g432円。下左／白菜糠漬300g324円。

千枚漬本家 大藤

☎0120-02-5975

慶応元(1865)年に創業した初代は宮中の料理方。聖護院蕪に惚れ込み作った千枚漬は見た目も味も宮中で絶賛され、たちまち京に広まったという。

DATA

住:京都市中京区麩屋町通錦小路下ル桝屋町510 営:9:00～18:00 休:4～9月／木、10～3月／無(1月1日を除く) MAP03

COLUMN

千枚漬

寒さと共に登場する、白く繊細な都の味。

千枚漬を考案した元祖〈大藤〉では、今もすべて手作業で千枚漬を作る。寒い季節に収穫される聖護院蕪の皮を剥き、1枚が2ミリの厚さになるよう均等にスライス。塩漬けした後、昆布と酢、みりんで漬け込む一子相伝の味。薄く上品な見た目と繊細な味わいが命の漬物。

右上／大原街道に面する。右下／土井の生志ば漬594円。左／併設の〈竈炊き立てごはん土井〉では竈炊きのごはんと共にしば漬を。「ごはんの甘みがしば漬の酸味を引き立てる!」

土井志ば漬本舗 総本店

☎075-744-2311

明治34（1901）年創業した、しば漬の老舗。赤紫蘇と茄子だけを木樽に漬け込み、石で重石を掛け、大原の地の乳酸菌で発酵させるという、創業当時と変わらない製法を今も受け継ぐ。

DATA

住:京都市左京区八瀬花尻町41　営:9:00～17:30（土・日・祝は18:00）　休:無
MAP15

COLUMN

しば漬

大原の地が育んだ、800年の歴史を持つ。

大原は古くから赤紫蘇の名産地。その赤紫蘇と同じ初夏に作られる茄子をあわせて、800年以上の昔から地元で作られ続けているのがしば漬。その名は〈寂光院〉に入った建礼門院徳子にしば漬を届けたところ、なんと美しい紫の葉漬と喜び、そこから転じたもの。

ぎおん川勝 お茶漬処 ぶゞ家

☎075-561-1745

あれこれと数多くの種類の漬物を味わいたいならこちらへ。定番から季節ものまで11種の漬物を、ほうじ茶でお茶漬けにして味わうセットは、気軽な昼ごはんにぴったり。ぶゞ漬1,620円。

DATA

住:京都市東山区祇園石段下上ル　営:11:00～19:00（LO 18:30）　休:水　MAP05

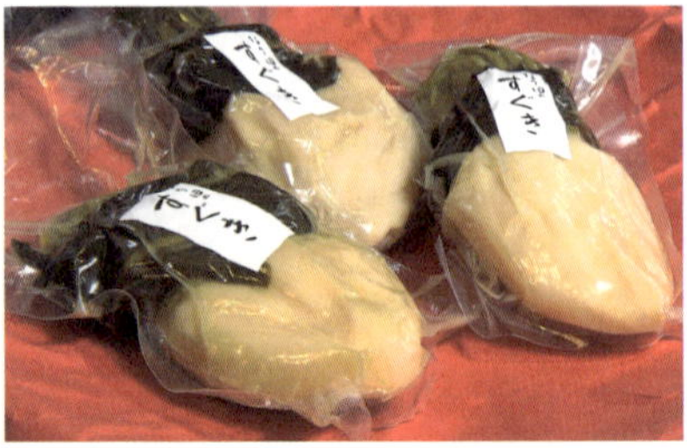

すぐきや六郎兵衛

☎075-721-6669

世界遺産〈上賀茂神社〉の境内に店を構える漬物店。すぐき漬は軽く水洗いした後、カブの部分は少し厚めに、葉は細かく刻んで食べるのが基本の食べ方。すぐき100g400円。

DATA

住:京都市北区上賀茂神社鳥居前　営:9:00〜18:00　休:無　MAP17

御すぐき處 京都なり田

☎075-721-1567

土産を買い求めるなら、文化元(1804)年創業、風情ある上賀茂の社家町に店を構える老舗へ。すぐき漬のほか、室を使わず自然発酵させた時候なれすぐきなどもある。すぐき漬約800円〜。

DATA

住:京都市北区上賀茂山本町35　営:10:00〜18:00　休:元日(不定休あり)　MAP17

京つけもの 西利 祇園店

☎075-541-8181

大根のぜいたく煮、京漬物のフライ、白菜の古漬けのおひたし風など、漬物を素材として独自の創作料理に仕立てたコースは、漬物の奥深さを再発見させてくれる味。京漬物懐石2,700円。

DATA

住:京都市東山区祇園南側　営:10:30〜20:00　休:無　MAP05

COLUMN

すぐき漬

冬が来たと伝える 酸味のきいた旬の味。

桃山時代から上賀茂で作られ、後に漬物となったすぐき菜は、今も上賀茂の農家に受け継がれる味。11〜1月に収穫したすぐき菜の皮を剥き、あら漬けした後、てこの原理を使った天秤押しで塩漬け。40度の室で発酵させ乳酸菌を含んだ酸味のある味を生み出す。

「京都の極み」をさらに極める

プラスオン!

名物が一度に手に入る、利便性このうえない売り場。

ジェイアール京都伊勢丹 B1

☎075-352-1111（大代表）

浅漬けならここ、ぬか漬けならあちらと、ひいきの味は1軒で揃わないこともしばしばというのが、こだわりの強い京都人ならでは。そのニーズに応えるように10軒を超える漬物店の漬物をセレクト。一緒に買ってひとつの箱にまとめることも可能というシステムが嬉しい。

DATA

住:京都市下京区烏丸通塩小路下ル東塩小路町　営:10:00〜20:00　休:不定休
MAP06

手前右から〈赤尾屋〉みやこ漬432円、〈田中漬物舗〉たけのこさん648円、〈東山八百伊〉山のいもわさび風味540円、〈野呂本店〉青てっぽう432円、〈田中長奈良漬店〉都錦味淋漬うり小972円。

京の小路 その十五

路地に辻子。小路で出合う、京の伝統と暮らしと人情と。

平安京の時代から、通りと通りが交差し、碁盤の目に作られている京都の街。人々はより暮らしやすくするため、通りと通りを結ぶ小路を作っていきました。その小路には京都独特の呼び名があり、先が行き止まりになっているものを「ろーじ」と延ばして呼ぶ「路地」。通り抜けできるものを「辻子《ずし》」と呼びます。

屋根には鍾馗さんが飾られ、玄関には防火用バケツ、軒先には粽やお札。織物や三味線の音が聞こえることもしばしば。街に点在する小路では、文化や伝統を感じ、暮らしを垣間見ることができます。「屋根と屋根に挟まれた小路の向こうには何があるんだろう。そんな冒険心に駆られて踏み込んでみると、日本人の心の原風景と、忘れられがちな温かな人情に触れることができました」

先斗町

鴨川の西、三条から四条までの500mの細い通りの両側に店々が立ち並ぶ五花街のひとつ。格子やすだれといった、いかにも京都らしい風情に加え、番号がついているものだけで20以上ある路地や辻子を持つ。

MAP02

膏薬辻子

新町通と西洞院通の間、四条通から綾小路通までを結ぶ小路。2段階に折れ曲がるのが珍しい。後に〈六波羅蜜寺〉を建立した空也上人の道場があり、平将門の供養をしたことから空也供養の道場と呼ばれ、それがなまって膏薬となったという。

MAP04

平将門を祀る〈神田神宮〉。重要文化財の〈杉本家住宅〉の他、料理店や木版画工房などが立ち並ぶ。

石塀小路

〈八坂神社〉の南、下河原通とねねの道を結ぶ辻子。通りに敷かれた石畳は、かつて市電に使われていた石畳を敷いたもの。京都らしい風情が際立っており、船越さんもドラマ撮影で訪れることもしばしば。

MAP05

両側に続く石垣の塀がその名の由来。西から東へと向かうと、石塀から家々の木の塀へと途中で趣は一転する。宿や料理店、バーなどが密やかに点在している。

真盛辻子

京都で最も古い花街・上七軒の辻子。上七軒通から今出川通へ抜けており、〈西方尼寺〉の白壁が誘う辻子。名は〈西方尼寺〉の開祖・真盛上人にちなむ。

MAP18

辻子の中ほどには、芸舞妓の稽古場でもある検番があるため、歩いていると三味線の音が聞こえてくれることも。

すぐ近く

お茶屋大文字

かつてはお茶屋が連なった真盛辻子に、今も残る唯一のお茶屋。一般には入ることはできないものの、毎年夏には〈上七軒歌舞練場〉で芸妓さん舞妓さんがもてなすビアガーデンが開かれる。

DATA

お茶屋とは芸妓さんと舞妓さんを呼んで遊ぶための空間。一見さんお断りのため、誰かの紹介があって初めて入ることができる

すぐ近く

上七軒 文楽

☎075-465-3456

上七軒の中ほどに店を構える割烹では、上品な京料理を味わいたい。車海老のぬた和え、牡蛎の蕪蒸しなど、内容はその時々の旬づくし。懐石コース8,000円～。予約すれば昼にも食べられる。

DATA

住:京都市上京区真盛町743-7　営:17:30～22:00（21:00LO）※昼は2日前までに要予約　休:日・祝・年末年始

MAP18

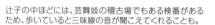

三上家路地

同じく西陣にある路地で、名を知られているのが紋屋辻子にある三上家路地。かつての職人長屋に、創作活動を行う若い世代が移り住み賑わいを見せている。

MAP01

突き当たりは大家の三上紀代子さんの家。長屋では陶芸家やライターなどが、職住一体で新しい暮らしを紡ぐ。

ひろ作

☎090-9703-0906

締めくくりに再び夜の先斗町へと向かった船越さん。四条にほど近い路地奥の〈ひろ作〉は、素朴なおばんざいを味わうことができるカウンターの店。旬の京野菜を使った料理を味わいたい。

DATA

住:京都市中京区鍋屋町216-1　営:18:00〜23:00
休:無　MAP02

蜂蜜専門店 ドラート

☎075-411-5101

店主がこの路地に惹かれて店を構えたという蜂蜜専門店。国産や世界各国の蜂蜜が40種以上も並ぶ。蜂蜜はすべて試食可能。丁寧な説明を聞きながら、気に入った味を見つけられるのも魅力。

DATA

住:京都市上京区西陣紋屋町323　営:13:00〜18:00
休:木　MAP01

「京都の極み」をさらに極める

プラスオン!

花街の町家マッサージで、
身体も心も癒やされる時間。

日吉堂

☎075-561-1460

祇園町北側の花見小路通と東大路通の間、お茶屋や料理店が並ぶ辻子に建つマッサージ店。「まるで旅館にきたような雰囲気もあって、撮影終わりで役者さんを連れて行くと、みんな驚いてくれるよ」という空間は、畳の床暖房も入り冬でも快適。鍼灸、マッサージ、指圧から整体やタイ古式マッサージ、足つぼリフレなど、それぞれのプロフェッショナルが行う幅広い施術も人気。

DATA

住 京都市東山区祇園町北側347 営 13:00～25:30(最終終了時間27:00) 休 無
MAP05

施術はそれぞれに和のしつらえが美しく、香の香りがほのかに漂う部屋で行われる。道に迷う人も多いため、電話をすれば大通りまで迎えに来てくれるシステム。

京の宿 その十六

過ごして食べて初めて実感。宿で知る、もてなしの真髄。

年間５５００万人を超える観光客が、世界各地から訪れる京都。一方でオリンピック招致以来、すっかり馴染みになった、おもてなしという言葉。京の街に根付く宿を訪ねることで、京都ならではのおもてなしの真髄に迫りました。

京都の奥座敷・花背で摘草料理の宿として知られる〈美山荘〉。１３０年の歴史を誇る〈京都ホテルオークラ〉。日本の文化を伝える新しい旅館〈京町家旅館さくら・本願寺〉。

「スタイルはそれぞれでも、おもてなしの心とはいかに相手の立場に立って、いかに相手の気持ちをおもんぱかることができるか。それに尽きる気がしました。まずは自分自身を高め、豊かな人間になっていくことこそ、おもてなしの道への第一歩。そう教わった気がします」

野草一味庵 美山荘 ☎075-746-0231

花背にて、門外不出の摘草料理で知られる和製オーベルジュ。摘み草や川魚、ジビエなど地の恵みに新たな命を吹き込んだ上質な料理を数寄屋建築で味わうのが贅沢。

DATA

住:京都市左京区花脊原地町375　営:チェックイン15:30、チェックアウト10:30　料:お昼または夕食15,000円、宿泊45,000円（いずれもお1人様、税サ別）　MAP13

明治28（1895）年、隣接する〈峰定寺〉宿坊として〈美山荘〉が誕生した。3代目の昭和12（1937）年に料理旅館となり現在へ受け継がれる。

上／母屋の向かいには1日4組の数寄屋建築の新館。手掛けたのは数寄屋建築の匠・中村外二。華美な装飾を削ぎ落とし質実実直。すべての部屋に月見台を設け、清流のせせらぎや季節を間近に感じることができる。

右／あけびのお茶で落ち着いた後は、抹茶と一緒に栃餅の善哉を。山里ならではのもてなし。左／到着したお客をまず迎えてくれるのは、温かいあけびのお茶。

上／山の天気は移ろいやすく雪が吹雪いたり晴れたり。左／もてなしの心は「気遣いすれど、お構いせず」と若女将。お客が安心して過ごせるような、さりげない気配りが心地よい。

右／夕食はその日の素材の持ち味を最大限に引き出す料理。冬の花背の恵みが凝縮した全13品。上／この日雪の中を2時間掛けて収穫した野蒜や蕗の薹などが料理に使われた。

食事は母屋の名栗の間で。「花背の食材も空気も全部ひっくるめて美山荘というフィルターに掛けた1滴をお出ししたい」と4代目当主の中東久人さん。

上／料理は右上から海老芋霰揚げ 蕗の薹餡、天魚の油焼き、猪鍋、蓬豆腐白味噌仕立て。左／「食材の命を自分の中に取り込ませてもらったように感じます」

京都ホテルオークラ

☎075-211-5111

明治21(1888)年に創業した西洋式ホテル。数々の著名人が昔も今も愛し、滞在する理由は総支配人の「お客様が何を求めているかを考え、ほんのわずかでも上をゆくサービスを」の言葉に凝縮されている。

DATA

住 京都市中京区河原町御池　営 チェックイン13:00、チェックアウト11:00　料 ツイン1室35,640円～(税サ込)　MAP01

右上／130年近い歴史を誇る。右中／地上17階建で京都市内を一望。左／現在の建物は平成6(1994)年に建てられた。

右／料理長が心掛けるのは「常に感動を与える料理を」。左／数々の要人が滞在するなど、外国の人々にも愛されてきた理由はメインダイニングのフレンチレストランにもある。

京町家旅館さくら・本願寺

☎075-343-3500

新たな伝統を作るべく2009年に誕生した旅館。宿泊者の95%は海外の観光客だといい、講師を招いて生け花を教えるなど日本文化を伝える気持ちにもホスピタリティを感じる。

DATA

住:京都市下京区油小路花屋町下ル仏具屋町228-2　営:チェックイン15:00～23:00、チェックアウト11:00　料:1室13,500円～(税込)　MAP06

上／西本願寺からすぐというロケーション。右／客室は京町家の座敷を感じさせる書院造りなど5パターン。左／庭付き数寄屋造りの客室。

「京都の極み」をさらに極める

プラスオン!

すべてが完璧と思わせる、老舗旅館で実感するもてなし。

柊家

☎075-221-1136

来者如帰。我が家に帰って来られたように、寛いでいただきたい。文政元(1818)年の創業以来、数寄屋建築の空間や正統派の京料理と共に、その言葉を掲げてきた老舗旅館。老舗が老舗たるゆえんは、守るべき伝統はしっかりと守りながら、常に次に前進し続ける姿勢を持つこと。2006年には洗練された新館も登場し、ますます心地よいもてなしを体感させてくれる。

DATA

住:京都市中京区麩屋町姉小路上ル中白山町　営:15:00チェックイン、11:00チェックアウト　料:32,000円～(お1人様1泊2食付、税別サ込)　MAP03

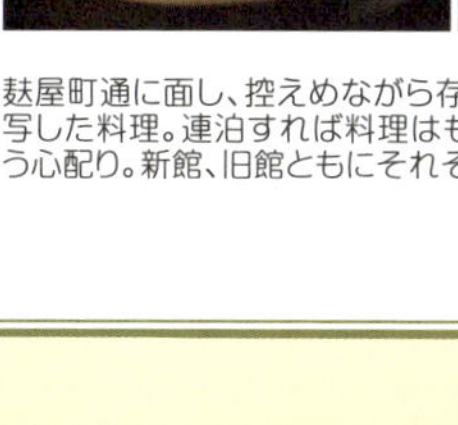

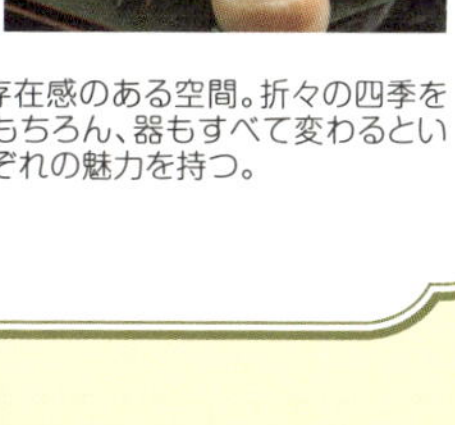

麩屋町通に面し、控えめながら存在感のある空間。折々の四季を写した料理。連泊すれば料理はもちろん、器もすべて変わるという心配り。新館、旧館ともにそれぞれの魅力を持つ。

京都の極み

KYOTO MAP

京都市内全図

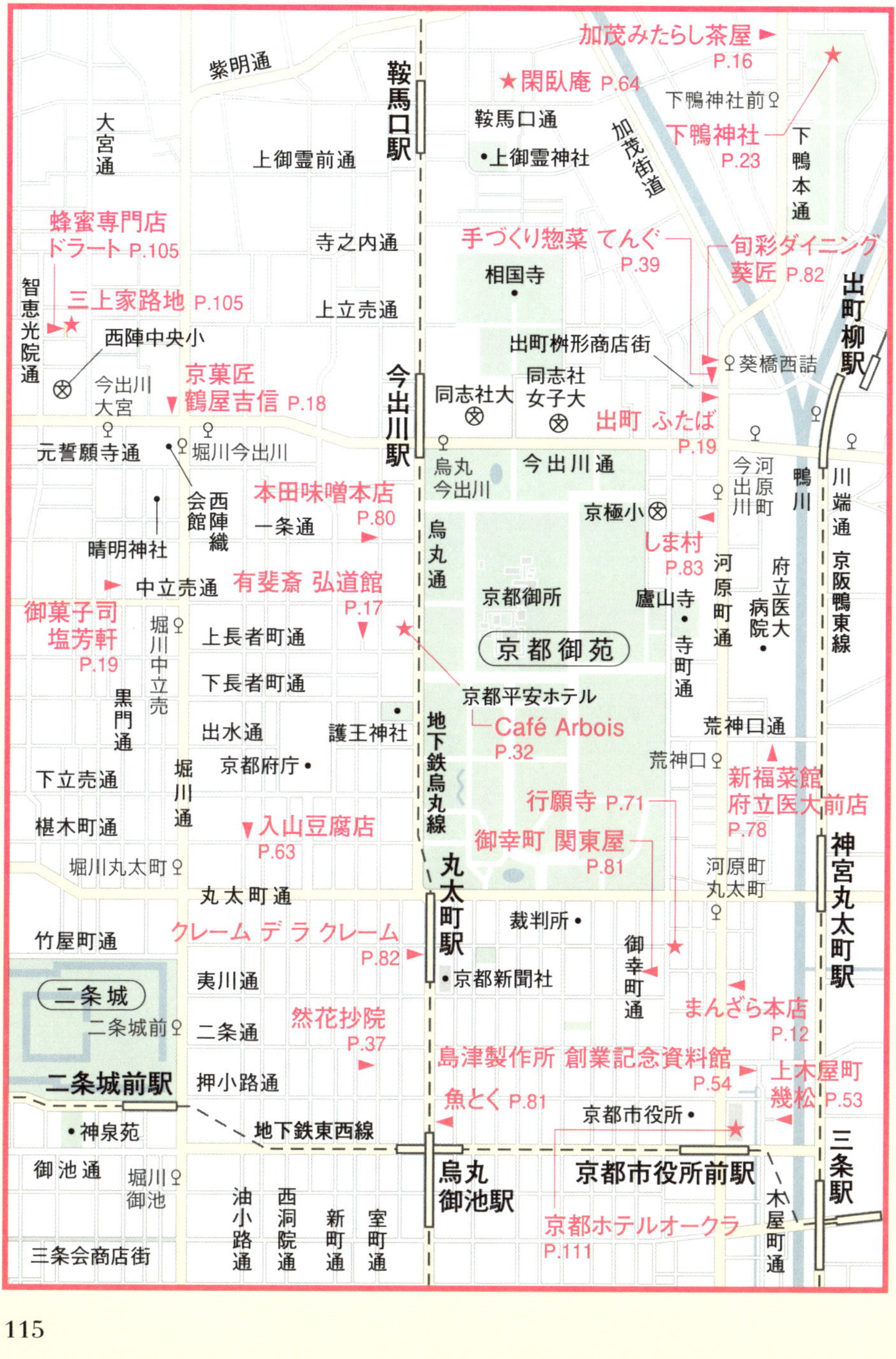
加茂みたらし茶屋 P.16
紫明通
鞍馬口駅
★閑臥庵 P.64
下鴨神社前
鞍馬口通
大宮通
加茂街道
下鴨神社 P.23
下鴨本通
上御霊前通
•上御霊神社
蜂蜜専門店 ドラート P.105
寺之内通
手づくり惣菜 てんぐ P.39
旬彩ダイニング 葵匠 P.82
相国寺
智恵光院通
三上家路地 P.105
上立売通
出町柳駅
西陣中央小
出町桝形商店街
葵橋西詰
今出川大宮
京菓匠 鶴屋吉信 P.18
今出川駅
同志社大
同志社女子大
出町 ふたば P.19
元誓願寺通
堀川今出川
烏丸今出川
今出川通
今出川
河原町
鴨川
川端通
会館
西陣織
本田味噌本店 P.80
京極小
晴明神社
一条通
烏丸通
しま村 P.83
河原町通
府立医大病院
京阪鴨東線
中立売通
有斐斎 弘道館 P.17
京都御所
盧山寺
御菓子司 塩芳軒 P.19
堀川中立売
上長者町通
京都御苑
寺町通
黒門通
下長者町通
京都平安ホテル
Café Arbois P.32
出水通
護王神社
地下鉄烏丸線
荒神口通
下立売通
京都府庁
堀川通
荒神口
新福菜館 府立医大前店 P.78
行願寺 P.71
椹木町通
入山豆腐店 P.63
御幸町 関東屋 P.81
神宮丸太町駅
堀川丸太町
河原町丸太町
丸太町駅
丸太町通
裁判所
竹屋町通
クレーム デ ラ クレーム P.82
御幸町通
二条城
夷川通
京都新聞社
まんざら本店 P.12
二条城前
二条通
然花抄院 P.37
島津製作所 創業記念資料館 P.54
上木屋町 幾松 P.53
二条城前駅
押小路通
魚とく P.81
京都市役所
神泉苑
地下鉄東西線
御池通
堀川御池
烏丸御池駅
京都市役所前駅
三条駅
木屋町通
京都ホテルオークラ P.111
三条会商店街
油小路通
西洞院通
新町通
室町通

03 四条河原町

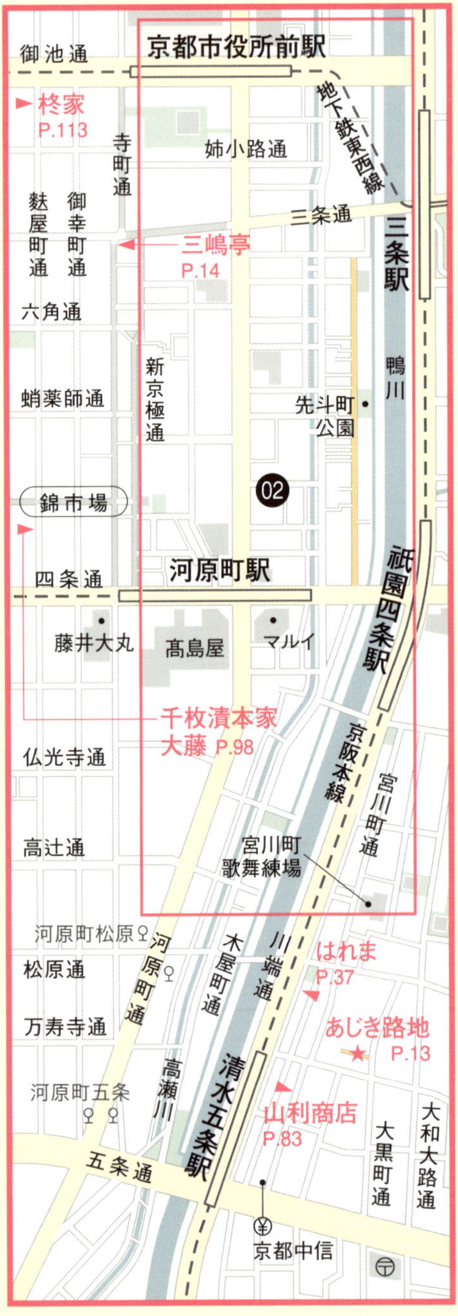

02 四条河原町中心部

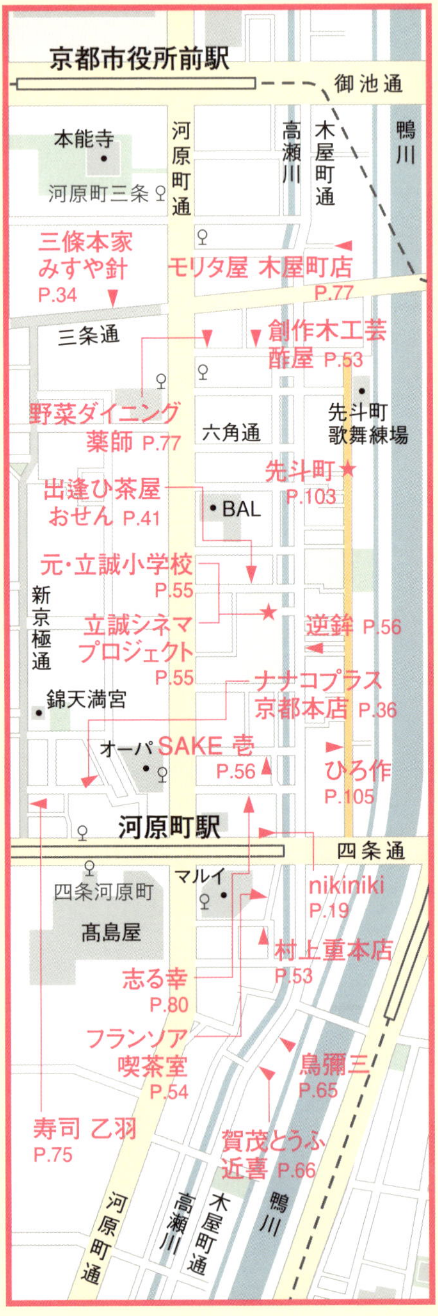

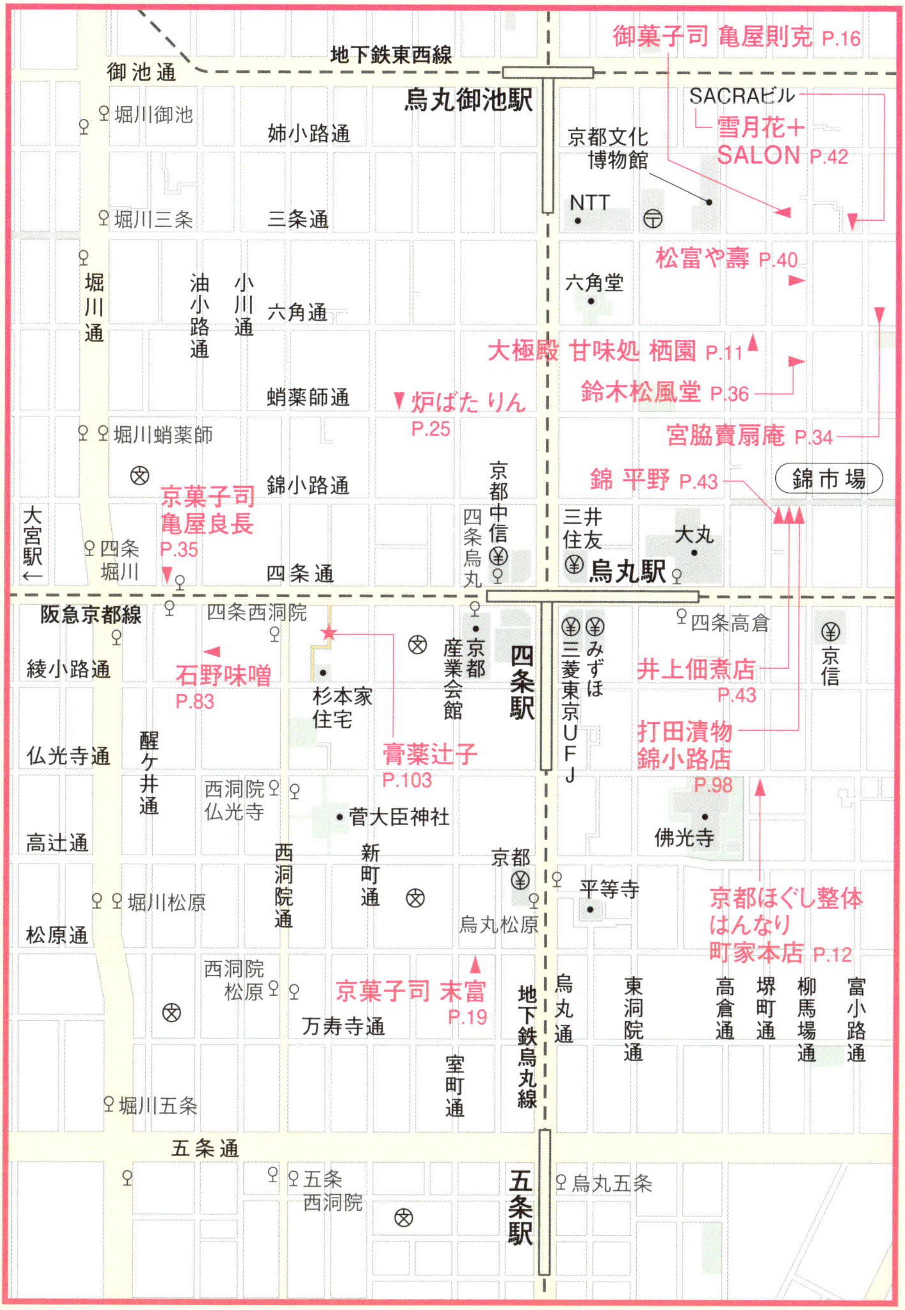
御菓子司 亀屋則克 P.16
地下鉄東西線
御池通
烏丸御池駅
SACRAビル
雪月花+
SALON P.42
堀川御池
姉小路通
京都文化
博物館
NTT
堀川三条
三条通
松富や壽 P.40
六角堂
堀川通
油小路通
小川通
六角通
大極殿 甘味処 栖園 P.11
鈴木松風堂 P.36
蛸薬師通
炉ばた りん
P.25
宮脇賣扇庵 P.34
堀川蛸薬師
京都中信
錦 平野 P.43
錦市場
錦小路通
京菓子司
亀屋良長
P.35
四条烏丸
三井
住友
大丸
大宮駅←
四条
堀川
四条通
烏丸駅
阪急京都線
四条西洞院
四条高倉
京都
産業会館
四条駅
三菱東京UFJ
みずほ
京信
綾小路通
石野味噌
P.83
杉本家
住宅
井上佃煮店
P.43
打田漬物
錦小路店
P.98
仏光寺通
醒ケ井通
膏薬辻子
P.103
西洞院
仏光寺
菅大臣神社
佛光寺
高辻通
西洞院通
新町通
京都
平等寺
堀川松原
烏丸松原
京都ほぐし整体
はんなり
町家本店 P.12
松原通
西洞院
松原
京菓子司 末富
P.19
万寿寺通
地下鉄烏丸線
烏丸通
東洞院通
高倉通
堺町通
柳馬場通
富小路通
室町通
堀川五条
五条通
五条
西洞院
五条駅
烏丸五条

川端通
東大路通
神宮道
東山三条
東山駅
地下鉄東西線
三条京阪駅
三条通
古川町商店街
KYOUEN
三条京阪前
三条駅
高瀬川
鴨川
縄手通
祇園 そば処 おかる P.76
京つけもの 西利 祇園店 P.100
青蓮院
知恩院前
京阪本線
新橋
新橋通
日吉堂 P.106
知恩院
白川
ぎおん 川勝
お茶漬処 ぶゞ家 P.99
祇園会館
ぎおん楽宴小路
富永町通
八坂神社
P.73
四条京阪前
祇園四条駅
四条通
祇園
枝垂桜
円山公園
南座
一力亭
南楼門
二軒茶屋 中村楼 P.65
ぎをんフィンランディアバー P.13
ZEN CAFE P.76
花見小路
やま京
P.36
一平茶屋
P.76
祇園甲部歌舞練場
祇園NITI
P.32
祇をん 松乃
P.75
建仁寺
P.30
ねねの道
高台寺
霊山観音
下河原通
東山安井
京信
霊山護国神社
宮川町歌舞練場
安井金比羅宮
P.26
石塀小路 P.103
八坂通
高台寺南門通
霊山歴史館
松原通
六道珍皇寺
法観寺
八坂の塔
二年坂
京都ゑびす神社
P.69
京都
清水道
天ぷら
八坂圓堂 P.25
かさぎ屋 P.20
京甘味
文の助茶屋 P.20
清水五条駅
大和大路通
六波羅蜜寺
P.69
東大路通
産寧坂
地主神社
P.22
五条坂
清水坂
若宮八幡宮
五条坂
清水寺
五条通

07 八幡市

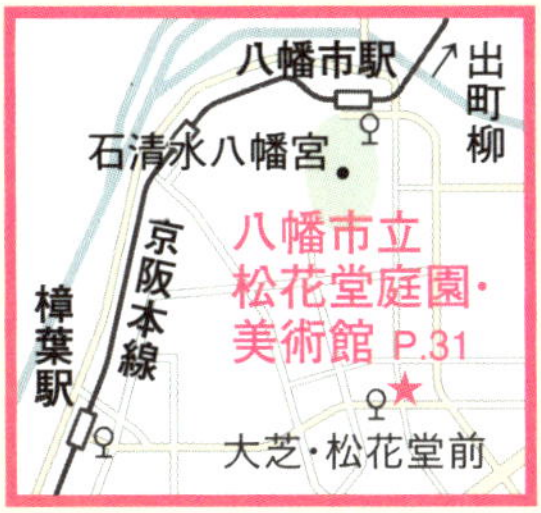

06 京都駅

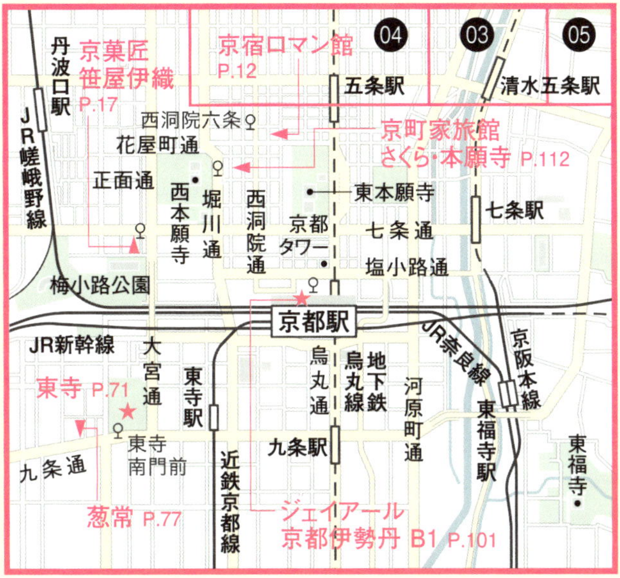

08 常盤

12 嵯峨嵐山

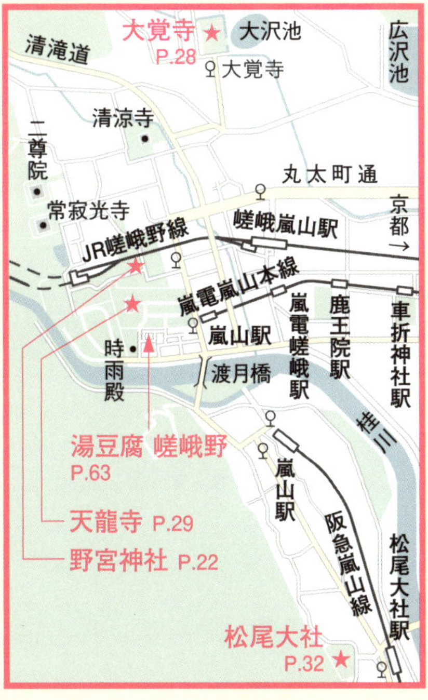

09 伏見稲荷

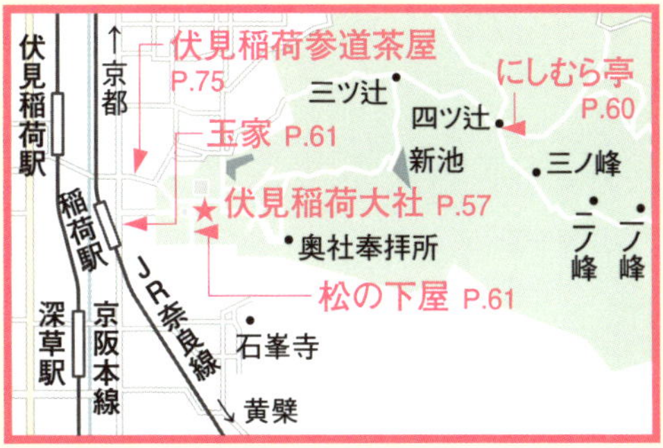

11 城南宮

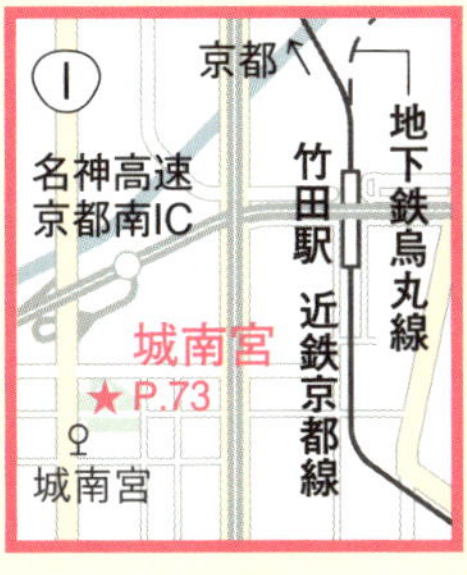

10 黄檗

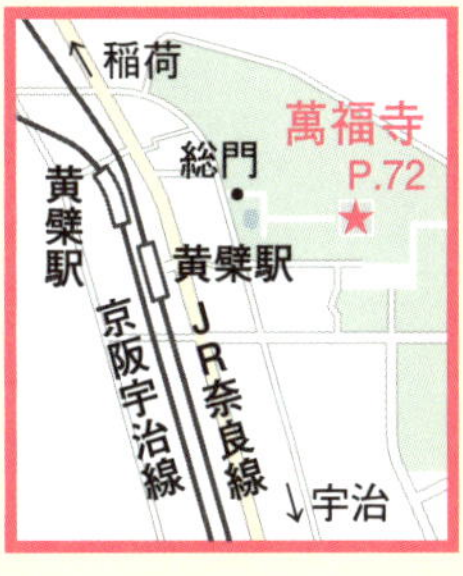

⑯ 岡崎～北白川～修学院

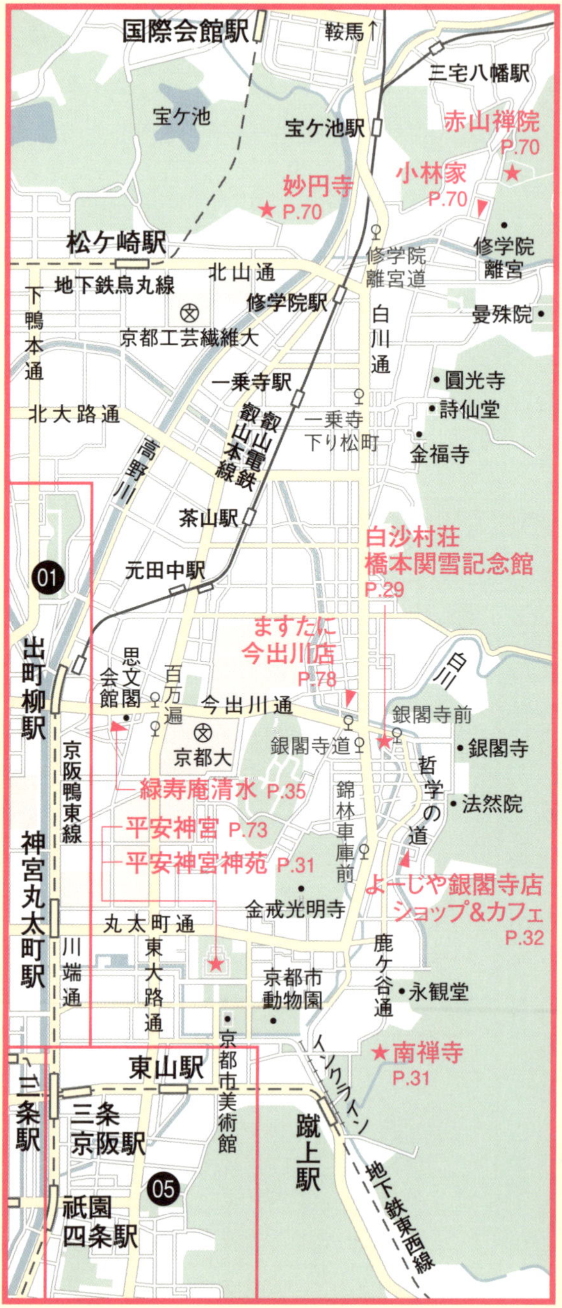

⑬ 花背

⑭ 貴船～鞍馬

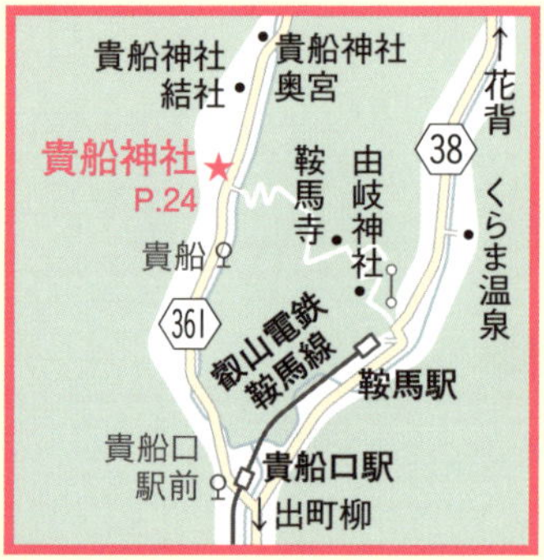

⑮ 大原

⑱ 上七軒

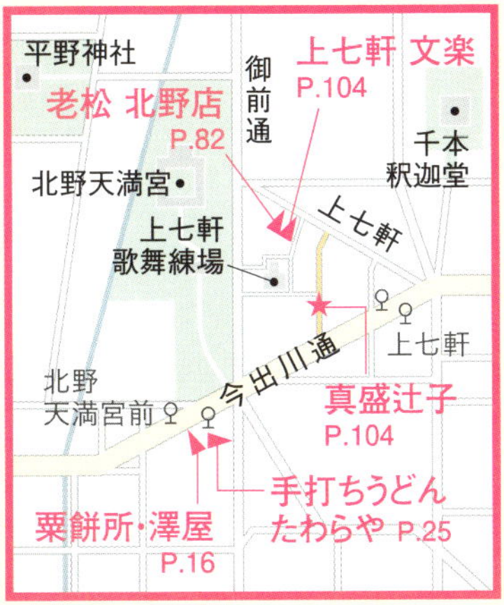

⑰ 西院〜きぬかけの路〜上賀茂

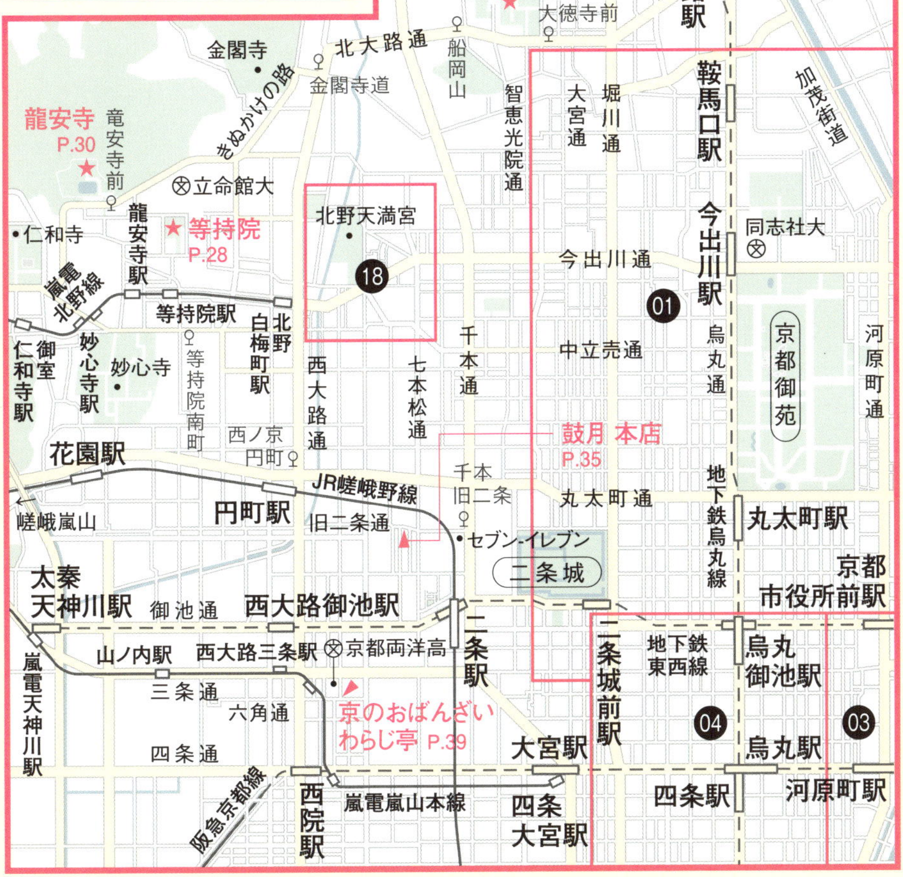

美術館・記念館

街歩き

見る

神社仏閣

甘味

喫茶店・カフェ

バー

食べる

和食

うどん・ラーメン

買う

食べもの

菓子

泊まる

その他

工芸・民芸・雑貨

調味料

漬物

TV STAFF

番組構成 …… 山名宏和

演出 …… 吉原利一
チーフディレクター …… 前田展宏
ディレクター …… 豊田 望、藤本直樹、豊嶋隆一、松山岳宗、
磯崎泰久、白根伸一、大阿久知浩、井上勝輔
アシスタントディレクター …… 月岡総太、秦 まり、亀松ゆき子、佐々木織恵

コーディネーター …… 釣田 泰
リサーチ …… 桐原弘明
デスク …… 石井陽子

チーフプロデューサー …… 玉井 浩
プロデューサー …… 菊地 武、井上由紀、大健裕介、中村 仁
広報 …… 仁科敬介
編成 …… 永井祥大
事業 …… 若林真弓

制作協力 …… ホリプロ、イカロス
製作著作 …… BS日テレ

BOOK STAFF

ブックデザイン …… 田中公子、森山美賀(TenTen Graphics)

ヘアメイク …… 岩鎌智美(アート・シモンズ)
アーティストマネジメント …… 南雲勝郎
清水克彦(ホリプロ)

撮影 …… 福森クニヒロ/P2-5、14、20、26、32下、37下、43-51、
56下、61下、66-67、73、78、83-91、96、101、106、113、126
取材・文 …… 大和まこ

地図制作 …… 竹中聡司

船越英一郎

京都の極み

2016年4月28日　第1刷発行

編　者　BS日テレ
発行人　石﨑 孟
発行所　株式会社マガジンハウス
〒104-8003　東京都中央区銀座3-13-10
書籍編集部　☎03-3545-7030
受注センター　☎049-275-1811
印刷・製本　凸版印刷株式会社

ISBN978-4-8387-2848-0　C0095

マガジンハウスホームページ http://magazineworld.jp/